情報可視化

データ分析・活用のためのしくみと考えかた

髙間 康史 著

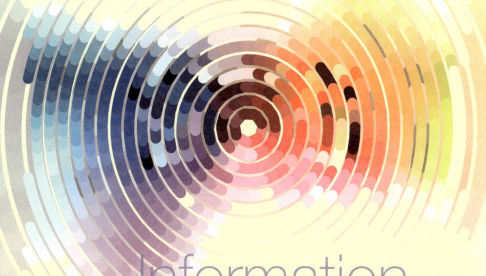

Information
Visualization

森北出版株式会社

● 本書のサポート情報を当社 Web サイトに掲載する場合があります．下記の URL にアクセスし，サポートの案内をご覧ください．

  http://www.morikita.co.jp/support/

● 本書の内容に関するご質問は，森北出版 出版部「(書名を明記)」係宛に書面にて，もしくは下記の e-mail アドレスまでお願いします．なお，電話でのご質問には応じかねますので，あらかじめご了承ください．

  editor@morikita.co.jp

● 本書により得られた情報の使用から生じるいかなる損害についても，当社および本書の著者は責任を負わないものとします．

■ 本書に記載している製品名，商標および登録商標は，各権利者に帰属します．

■ 本書を無断で複写複製（電子化を含む）することは，著作権法上での例外を除き，禁じられています．複写される場合は，そのつど事前に (社)出版者著作権管理機構（電話 03-3513-6969, FAX 03-3513-6979, e-mail:info@jcopy.or.jp）の許諾を得てください．また本書を代行業者等の第三者に依頼してスキャンやデジタル化することは，たとえ個人や家庭内での利用であっても一切認められておりません．

はじめに

「可視化」や「見える化」といった言葉は，最近新聞などでも目にする機会が増えてきている．この場合，「取り調べの可視化」など，本来は隠されていて見ることができなかったものを情報公開により透明性を確保する，という意味で使われている．これに対し本書では，「データ，情報は大量にあるものの，それに含まれる価値あるもの，自分にとって必要なものに気づけない」という現状を解決するために，人間にとって複雑・大規模でわかりにくいものを，視覚的にわかりやすく伝える技術・手法としての「可視化（視覚化）」を対象とする．近年，ビッグデータというキーワードが新聞などでもよく見かけられるようになっており，企業や社会における，データの活用に対する関心は高まっている．しかし，データは高性能な計算機さえあれば活用できるわけではなく，データ分析に主体的にかかわり，そこから価値を引き出す分析者の存在が必須である．データサイエンティストといったデータ分析スキルをもった人材が脚光を集めているが，いずれは情報収集スキル，データ分析スキルはさまざまな場面において要求される一般的なスキルとなるだろう．

分析方針や指標を客観的・定量的に定められれば，計算機はそれに従い大量のデータを人間よりも正確・高速に処理することができる．しかし，処理結果を分析し，そこから知見を得て，アクションにつなげる作業は分析者である人間が行う必要がある．したがって，可視化技術により処理結果を視覚的にわかりやすく伝えることで，人間と計算機の理想的な協調作業が実現され，データの活用につながることが期待できる．とくに，分析スキルが専門家だけのものではなく，リテラシーの一つとして当たり前のものとなるためには，可視化の果たす役割は非常に大きく，今後の発展が期待されている．

本書は，可視化の中でも近年応用範囲が拡大しつつある情報可視化についてまとめたものである．3章から構成され，第1章では情報可視化の基礎的な話として，可視化とは何か，情報可視化と科学的可視化の違い，可視化のプロセスなどについて説明する．第2章では，情報可視化で利用される代表的な可視化手法について説明する．紹介する手法の中には，棒グラフや円グラフなどを含む統計グラフといったなじみ深いものから，多次元データや木構造など，複雑な構造をもったデータを対象とした可視化手法までが含まれる．第3章では，情報可視化手法の応用分野として，上述のデータ分析やモニタリングといった対象タスクごとに

分類し，関連する技術，概念について概説し，情報可視化システムの構築事例をいくつか紹介する．

　本書は，可視化システムの開発・研究に関心のある人を読者として想定している．可視化システムの開発者向けの書籍としては，特定のプログラミング言語を対象として，それを利用したプログラミングについて書かれた書籍が多い．あるいは，学術的な書籍では，具体的なシステムについての事例紹介が中心のものもある．これらに対し本書では，特定のシステムではなく，さまざまなシステムに利用可能な可視化手法や，その組み合わせ方などについて紹介する．特定言語に依存しないようにするためソースコードは掲載しないが，プログラミングスキルがあれば実装できるよう，アルゴリズムはある程度具体的に記述してある．

　また，データ分析などのために可視化ツールを利用する人にとっても参考になるだろう．データマイニングやビッグデータなどに関連する書籍では，相関ルールやクラスタリングなどデータ処理技術に関する解説が主体で，分析結果の可視化に重点が置かれた本は少ない．これに対し本書では，どのようなデータの場合にどのような可視化方法が適用可能あるいは適しているかや，各可視化手法により提示されたデータの解釈の仕方について体系的に整理している．「見える化」が大事といわれていても，価値あるデータや傾向に気づくためには，データ空間やその分析結果をどう見せるか，といった点が重要であり，またそれに対する世の中の意識は，残念ながらまだそれほど高くない．本書で可視化ツールの背景にある理屈や仕組みを学ぶことで，データのさらなる活用につながれば幸いである．

　本書では，具体的な情報可視化システムの開発事例として，研究室でこれまでに研究開発してきたシステムを取り上げている．したがって，これまで私の研究室に所属し，一緒に研究を進めてきた学生達との研究成果がなければ，本執筆は完成しなかった．この場を借りて在校生，卒業生の皆さんに感謝したい．

　最後に，森北出版株式会社出版部の皆様には，このような出版の機会をいただき心より感謝いたします．

2017 年 1 月

著　者

目 次

第1章 情報可視化の基礎知識 … 1
- **1.1** 可視化とは … 1
- **1.2** 情報可視化と科学的可視化 … 5
- **1.3** オーバービューとフォーカス … 8
- **1.4** 情報可視化のプロセス … 10
- **1.5** 視覚変数 … 12

第2章 さまざまな可視化手法 … 17
- **2.1** 問題の定式化 … 17
- **2.2** 可視化手法の分類 … 20
- **2.3** 統計グラフ … 22
  - 2.3.1 統計グラフとは　22
  - 2.3.2 棒グラフ系　22
  - 2.3.3 線グラフ系　24
  - 2.3.4 帯グラフ系　25
  - 2.3.5 分布図系　27
  - 2.3.6 レーダーチャート　31
  - 2.3.7 統計グラフの選択　32
- **2.4** 多次元データの可視化 … 33
  - 2.4.1 多次元データ可視化手法の分類　33
  - 2.4.2 ピクセルベースの可視化　34
  - 2.4.3 幾何学的アプローチ　37
  - 2.4.4 平行座標　39
  - 2.4.5 多次元データの可視化手法の選択　41
- **2.5** 木構造の可視化 … 41
  - 2.5.1 ノード・リンクダイアグラム　41
  - 2.5.2 ツリーマップ　44
- **2.6** ネットワークの可視化 … 52
  - 2.6.1 ネットワーク描画の条件　52
  - 2.6.2 ばねモデルを用いたネットワークの可視化　54
  - 2.6.3 より一般的な力学的モデルによる可視化　55
  - 2.6.4 接続行列　58
  - 2.6.5 階層的エッジバンドル　59
  - 2.6.6 ネットワーク可視化手法の選択　61
- **2.7** テキストの可視化 … 61

iv　目次

- **2.8** 協調的マルチビュー ………………………………… 64
- **2.9** ディストーション ………………………………… 69

第3章　情報可視化システム …………………………… **72**

- **3.1** 情報可視化システムの開発 ………………………… 72
  - 3.1.1 タスクの分類　72
  - 3.1.2 情報可視化システムの構成　73
- **3.2** 探索的データ分析支援のための情報可視化 ………… 75
  - 3.2.1 探索的データ分析と情報可視化　75
  - 3.2.2 情報可視化とインタラクション　78
  - 3.2.3 比較作業の支援　86
  - 3.2.4 協調的情報可視化　89
- **3.3** モニタリング支援のための情報可視化 ……………… 93
  - 3.3.1 モニタリングと情報可視化　93
  - 3.3.2 モニタリング支援の関連研究　96
- **3.4** 情報可視化システムの実際 ………………………… 99
  - 3.4.1 書誌情報を対象とした情報可視化システム　99
  - 3.4.2 相関ルールを対象とした情報可視化システム　102
  - 3.4.3 バグ更新情報のモニタリングを支援する情報可視化システム　105
  - 3.4.4 BBS のモニタリングを支援する情報可視化システム　107
- **3.5** まとめ ………………………………………… 110

参考文献　111

索　引　116

カラー図版

以下では本書に掲載した図のうち，とくにカラーで掲載する必要があるものを選び，簡単な解説を加えている．本文の解説とともに参照されたい．

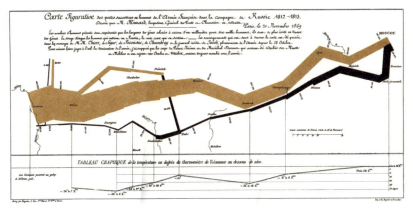

図 1.3　ナポレオンによる 1812 年のモスクワ遠征（p.4 参照）．図中央部の経路が遠征軍のたどった道のりを，経路の幅が軍団の兵士数を表している（黄が往路，黒が復路）．また，図下部の折れ線グラフは遠征中の気温を表しており，経路の幅と比較するとシベリアの厳しい気候が兵士の消耗に影響を与えたことが見て取れる．

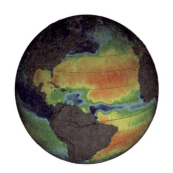

図 1.4　海面の塩分濃度を可視化した図（p.7 参照）．赤い箇所が塩分濃度が高い部分を，青い箇所が塩分濃度が低い部分を表す．

図 1.8　色相環の例（p.15 参照）．12 時の位置から赤，橙，黄，緑，青，紫の順に並ぶ．図中の赤と緑のように，色相環上で向かい同士にある色は補色とよばれる．

図 1.10　BBR 系のカラーマップの代表的な例（p.16 参照）．値の小さい部分ほど黒く，大きい部分ほど白くして連続値を表現している．黒体放射のスペクトルに基づいた配色にすることで，色の違いを知覚的に識別しやすくしている．

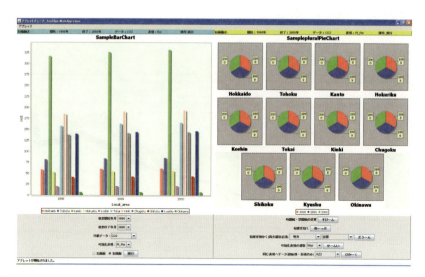

図 2.37　CO_2 排出量の時間的動向をデュアルビューで表示した例（p.69 参照）．左側では縦軸を CO_2 排出量，横軸（系列）を年として，地域ごとに色分けして棒グラフを描画している．右側では，3 年間の総 CO_2 排出量のうち各年の排出量が占める割合を，年ごとに色分けして円グラフで表示している．

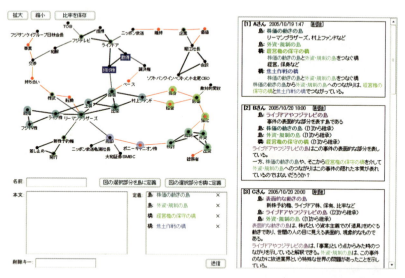

図 3.8　株価についての議論を可視化した KGBBS のスクリーンショット（p.92 参照）．左上のキーグラフ領域では，議論に登場した単語が島として可視化され，関連のありそうな島同士が橋で結ばれている．キーグラフの島・橋と，それぞれに対する定義やコメントは同じ色で表示されており，コメント領域で言及された箇所をキーグラフ領域においても簡単に確認できる．

カラー図版 | vii

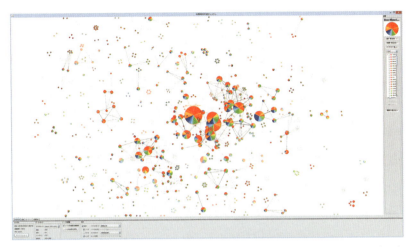

図 3.9 論文の共著・引用関係をノード・リンクダイアグラムで可視化した例（p.100 参照）．図中の円グラフは論文に用いられるキーワードの割合を示しており，円グラフ一つが一人の著者を表す（グラフの大きさは論文数に比例）．また，論文の引用・被引用関係をエッジで描画している．描画には力学的モデルを採用し，似たキーワードを使用する著者同士を近くに配置することで，同じ組織に属する研究者を視認しやすくしている．

図 3.10 図 3.9 における，円グラフによる使用キーワードの可視化例（p.102 参照）．注目キーワード以外を無彩色とする K1，特定のキーワードのみを配置する K2，キーワードが最後に利用された年に対応した明度で描画する T1，T1 に加えて円の内側に各キーワードが最初に利用された年を描画する T2 の四つのモードが用意され，分析の際の目的に応じて使い分けたり，組み合わせたりできるよう設計されている．

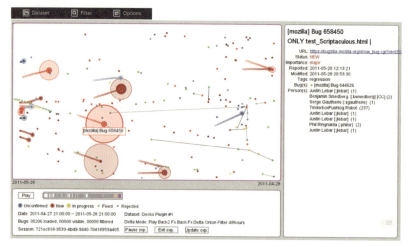

図 3.13　システム開発におけるバグ情報を可視化した例（p.106 参照）．図中の円が一つのバグに対応しており，円の色がバグの状態（赤：新しく発生，黄：修正中など）を，内側・外側の円の大きさがそれぞれ進展状況・更新頻度を表している．オニオンスキンを用いることで，変化するバグの状況を簡単に捉えられる．また，関連するバグ同士が近くに配置されるため，効率の良い追跡が可能となっている．

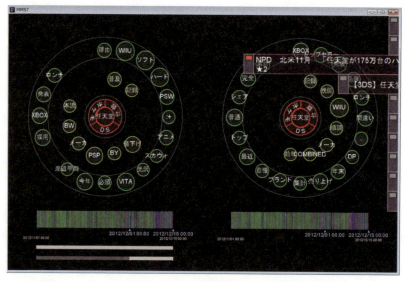

図 3.14　掲示板のスレッド上の議論を可視化した例（p.108 参照）．左側の円にはモニタリング対象のスレッドすべてのキーワードが，右側の円には指定したあるスレッドのキーワードが並ぶ．ユーザは左側の円で全体を把握しながら，気になったスレッドがあれば右端のボタンでスレッドを選び，右側で詳細を眺めることができる．画面下部のタイムラインは，投稿時刻の位置にスレッドに対応した色の縦棒が描画される領域である．

1 情報可視化の基礎知識

　本章では，情報可視化の基礎知識について概説する．計算機や情報環境の進歩にともない，可視化の適用範囲は広がりつつある．適用分野の違いにより，情報可視化と科学的可視化に分けられることを説明した後，可視化により提供すべき情報としてのオーバービューとフォーカス，情報可視化のプロセス，視覚変数といった可視化手法によらず重要な事項について説明する．

Keywords
・情報可視化　・科学的可視化　・オーバービュー　・フォーカス　・視覚変数

1.1 ◆ 可視化とは

　可視化 (visualization)，あるいは視覚化や見える化という言葉には，情報や状況などを見えるようにする，という意味がある．この場合，以下の2通りの意味が考えられる．

- 見えないものを見えるようにする
- 見えにくいものを見やすくする

　近年新聞などでよく見かける「取調べの可視化」は前者の例であり，本来は隠されていて見ることができなかったものを情報公開により透明性を確保する，という意味で使われている．これに対し，工学分野においては後者の意味で使われることが多く，大量のデータや情報を利用者にわかりやすく提示するための技術を指す．

　わかりやすく情報を提示するために，可視化技術では人間の視覚的認知能力を活用する．たとえば，表1.1のようなデータを考える．これは，学生の成績を表にしたものであり，成績の良い学生，悪い学生や科目ごとの傾向，科目間の相関関係などを読み取ることができる．しかし，学生数や科目数が多くなると，多量の数字の羅列からそれらの情報を読み取ることは困難になることが想定される．

　そこで，これらのデータに可視化手法を適用することを考える．表1.1のデータ

表 1.1 学生の成績に関するデータの例

学 生	数 学	国 語	英 語
A	85	80	90
B	90	55	70
C	55	70	60
D	50	30	40

に対し，代表的可視化手法の一つである**チャーノフの顔グラフ (Chernoff face)** を用いて可視化した例を図 1.1 に示す．チャーノフの顔グラフは，目や鼻，口といった顔を構成する各パーツに，データのもつ各属性を対応付けて可視化する手法である．この例では眉毛の角度，目の開き具合，口の形に数学，国語，英語の得点をそれぞれ割り当てている．また簡単のために，得点を良い，普通，悪いの 3 段階に分類し，図 1.2 に示す形を割り当てる．

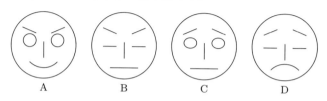

A   B   C   D

図 1.1 チャーノフの顔グラフ

	良 い (80 点以上)	普 通 (60 〜 79 点)	悪 い (59 点以下)
数 学 (眉毛の角度)	\ /	— —	/ \
国 語 (目の開き具合)	○	○	—
英 語 (口の形)	◡	—	◠

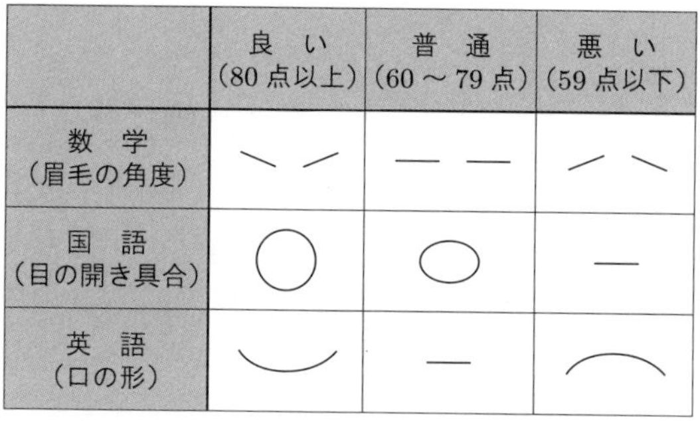

図 1.2 科目ごとの得点と顔のパーツの対応関係

図 1.1 を見ると，成績の良い学生の表情は自信満々な表情に，悪い学生は自信がなさそうな表情になっていることがわかる．人間は，顔の表情を読み取る能力に長けており，瞬時に表情のもつ感情を認識することができる．大量の顔が並んでいる場合でも，自信のある表情だけに着目することも可能であるため，数字の羅列から傾向などを読み取るよりも，人間にとっては容易な作業といえる．

計算機による画像認識技術は，ロボットビジョンや画像処理分野で広く研究さ

れており，計算機の処理能力向上とも相まって，その精度は近年飛躍的に向上している．最近のコンパクトデジタルカメラでも，被写体の顔を認識して画像やフォーカスを調整したり，笑顔を認識してシャッターを切るなどの機能が搭載された機種も多い．しかし，最新の画像認識技術をもってしても，人間の視覚的認知能力にはまだかなわないのが現状である．可視化技術は，そのような人間の優れた能力を積極的に活用するものである．このことは，単にグラフィカルに情報を提示すればよいわけではないことも示唆している．人の認知能力を超えるような大量の情報を詰め込んだり，誤った解釈を誘うような提示をしてしまわないように注意を払う必要がある．

　可視化というと，単にデータをグラフィカルに提示すればよいと誤解されている場合もあるが，上でも述べたようにそれは正しい理解ではない．あくまでも，データから読み取れる情報を伝えたい相手（利用者）に適切に伝えるための手法が可視化である．そのためには，すべてのデータを見せるよりも，取捨選択をして提示するほうが効果的な場合もある．また，2.9 節で説明する**ディストーション**のように，正確さを犠牲にすることもときには必要となる．

　人間に理解しやすい情報提示方法として，**メタファ**（metaphor，隠喩）も一般によく用いられる．可視化におけるメタファとは，利用者にとってなじみのある構図などを用いてデータを提示することで，利用者によるデータの理解を誘導することを意味する．情報可視化の一種である**インフォグラフィック (infographics)** の古典的，かつ代表例としてよく取り上げられるミナール (C. Minard) の作品（図 1.3）では，ナポレオンのモスクワ遠征における兵士数の時間的変化などを，地図のメタファを用いて可視化している．遠征軍のたどった経路を地図上の道路として大まかに描画し，軍団の兵士数を道路の幅に反映させることで，進行にともない兵士数が大幅に減少していく，遠征の悲惨な様子が明確に読み取れるようになっている．なお，この可視化手法はサンキー・ダイアグラム (Sankey diagram) とよばれ，流量を表現するのに用いられる．また，シベリアの厳しい気候が兵士の消耗に大きな影響を与えたといわれているが，気温変化を示す折れ線グラフ（図の下部）と遠征の時間的対応関係も図示することで，これを表現している．このほか，周期性をもった情報の可視化に元素の周期表のメタファを利用したり，時間的な周期性をもつ場合はカレンダーのメタファを利用したりすることが行われる．

　メタファを利用する場合にも，利用者が解釈を誤らないよう，利用するメタファが適切なものかどうかをよく検討する必要がある．たとえば，元素の周期表をメ

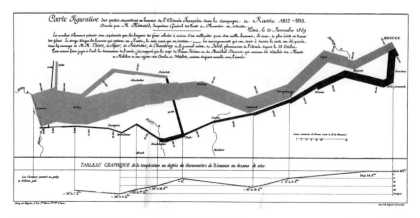

図 1.3 ナポレオンによる 1812 年のモスクワ遠征 (Charles Minard,1869)　(◆ p.v 参照)†

タファとして採用する場合，同じ列に位置するアイテム間には共通する性質があることをわれわれは期待することになる．したがって，可視化対象のデータがそのような共通する性質をもたない場合には，利用者が誤った解釈をしてしまう可能性がある．

可視化の応用範囲は広く，大量のデータを利用者にわかりやすく提示する必要がある領域で研究が行われてきた．たとえば，流体力学分野では時間変動をともなう流れのデータを対象として可視化技術が適用されている．自動車や建築物の設計や構造・振動解析結果の可視化や，MRI（核磁気共鳴画像法）・CT（コンピュータ断層撮影）・PET（陽電子放出断層撮影）などから得られる医用画像の可視化，遺伝子ネットワークや学術論文の共著関係，引用関係などのネットワーク構造の可視化なども代表的な応用例である．

また，上述のような科学・工学の分野だけでなく，近年ではマーケティングなどのビジネス分野でも可視化技術が利用される機会が増えてきている．株価や為替レートなどの可視化は当然のこと，Twitter のフォロー・フォロワー関係の可視化による流行伝播の分析，アンケート調査結果の可視化など，多様なデータを対象とし，さまざまな目的のために可視化技術が適用されている．また，ハザードマップや位置情報サービスなど，地図を利用した可視化も一般的になっている．

このような，可視化の適用対象となるデータが増えてきた理由は，近年耳にする機会が多くなったビッグデータとも関係がある．すなわち，センサなどにより

---

† ◆マークのついた図については，p.v〜viii のカラー図版も参照されたい．

従来取得不可能だった多種多様なデータの収集が可能になるとともに，記憶装置の大容量化・低コスト化によって，データを廃棄することなく大規模に蓄積可能になったことなどが，可視化技術の普及の背景にあるといえる．さらに，計算機の性能が向上し，大規模なデータを処理し，コンピュータグラフィックとして表示するのが容易になったことで，可視化技術が利用しやすいものとなっている．また，大規模データの処理・可視化が可能になっただけでなく，リアルタイムでのデータ処理能力，描画能力の向上により，インタラクティブな可視化システムも実現されている．これにより，**探索的データ分析**など，より複雑なタスクを行うことも可能となっている．これらの背景を考えると，可視化技術を利用する機会は今後ますます増えていくことが期待される．

1.2 ❖ 情報可視化と科学的可視化

可視化の研究は，**情報可視化**(information visualization, InfoVis)と**科学的可視化**(scientific visualization)に大別される．一般に，科学的可視化のほうが工学的分野では古くから研究されており，流体力学や地理データなどを扱う分野でよく用いられる．一方，本書で解説する情報可視化は，主にビジネスデータやテキストデータなどを対象とする場合が多い．

情報可視化と科学的可視化の違いは，可視化の対象とするデータのもつ性質の違いに起因する．両者の違いに関する一般的な説明のいくつかを以下に紹介する．

1. 科学的可視化は，人体，地球，分子などのような物質的データを主な対象とする．情報可視化はテキスト，階層構造，統計データなどの抽象的で非物質的なデータを対象とする[1]．

2. 科学的可視化は原子，宇宙などを含む3次元の現象（たとえばエンジンの熱伝導や翼上の気流，オゾンホールなど）を見えるように，そして理解できるようにする力をもっている．抽象的な情報可視化は統計データや株式市場での取引，計算機のディレクトリや文書集合などにおけるパターンやクラスタ，ギャップ，外れ値などを明らかにする力をもっている[2]．

3. 情報可視化は本質的に空間的ではないデータや情報を目に見える形式に変換することで，利用者がそれらを観測し，理解することを可能にするプロセス

である.これは科学的プロセスにより生成された空間的データを主な対象とする科学的可視化とは対照的である[3].

4. 情報可視化は一般に,社会人口学,言語学,あるいは金融などに関する抽象的なデータを扱う.これらのデータセットは通常,対応する物理的形状や外観をもたない.一方科学的可視化は,物理的対象についての実験あるいはシミュレーションを通じて得られた科学的・工学的データや,星の内部やブラックホールの降着円盤などについての理論に関するイメージを生成することを目的とする.したがって,これらは通常,対応する物理的な形状や外観をもっている[4].

5. 情報可視化は,人々がデータを理解・分析するのを支援するために可視化技術を利用することに焦点を当てる.関連分野の一つである科学的可視化が物理的あるいは幾何学的対応をもつデータの表示を扱うのに対し,情報可視化の主要な対象はそのような対応をもたない抽象的情報である.すなわち,多くの場合においてそのような情報を物質世界に写像することはできない[5].

これらの説明に共通する点として,科学的可視化が対象とするデータは2,3次元の特別な属性をもっていることが挙げられよう.たとえば,科学的可視化の代表的応用分野である流体力学では,気流や水流が時間的に変動する様子などを可視化する.この場合,可視化対象となるデータは,空間上のある1点における観測値,あるいは計算値の集合となる.

観測値あるいは計算値は,ボリュームや温度,流れの方向など複数存在する可能性もあるが,各データ点は空間座標に対応する三つの属性値と,それ以外の観測値などに分けることができる.可視化の際には,各データ点を構成する値のうち三つは空間座標にマッピングされ,残る値(観測値など)を色などにマッピングすることになる.可視化の手法はさまざまなものが提案されているが,人間にとって視覚的にわかりやすく伝える必要がある以上,2次元あるいは3次元の構造を用いることになり,その構造に対応する属性値が明確に決定していることになる.同様に,地理データの場合でも,各地におけるさまざまな測定値や統計データを可視化する場合,平面あるいは空間上の位置に対応する属性は明確である.図1.4に,科学的可視化の例を示す.

一方,情報可視化が対象とするデータは一般に多くの属性をもち,かつそれら

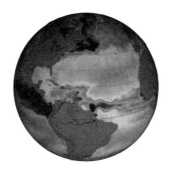

図 1.4　海面の塩分濃度を可視化した例 (• p.v 参照)

の中にほかと区別される 2，3 の特別な属性が存在しない場合が多い．あるいは，空間上の位置に対応する情報をもたない場合も一般的である．たとえば，情報可視化の対象データとして代表的なネットワーク（グラフ）構造をもつデータは，2.6 節で後述するように，ノード (node)（節点，頂点 (vertex)）の集合と，ノードを接続するエッジ (edge)（辺，リンク (link)）の集合から構成されるが，ノードの絶対座標は与えられないのが通常である．この場合，各ノードを平面あるいは空間上のどこに配置するかは，見やすさや分析目的などを考慮して，可視化の際に決定する必要がある．また，前節で取り上げた学生の成績に関するデータでも，科目数は通常もっと多数あり，どの科目がほかより重要であるかは，分析目的などにより異なる場合が多い．もちろん，主要科目とそれ以外という区別が可能な場合もあるが，主要科目が 2，3 科目に必ず限定されるとは限らない．したがって，チャーノフの顔グラフを用いて可視化する場合でも，顔のパーツと科目の間の対応関係は一意ではなく，そのマッピングを変えれば同じデータに対しても異なる表情が生成されることになる．

このように，科学的可視化では描画すべき構造に関する情報がデータ内に本質的に内在しているのに対し，情報可視化ではそのような本質的構造をもたないデータを対象とする点で異なるといえる．この関係を図示したものが図 1.5 である．こ

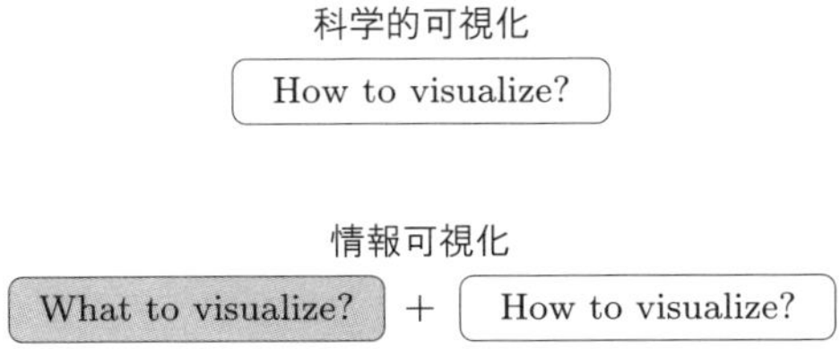

科学的可視化
How to visualize?

情報可視化
What to visualize? ＋ How to visualize?

図 1.5　科学的可視化と情報可視化の違い

こで,「How to visualize?」とは「どう可視化すべきか」,「What to visualize?」とは「何を可視化すべきか」を意味する.科学的可視化ではデータが本来もっている構造をいかにわかりやすく見せるかが課題であるのに対し,情報可視化では見せ方だけでなく,構造を与えることもその範疇に入る.見方を変えれば,構造に対する自由度が高いともいえる.また,可視化手法自体については,科学的可視化と情報可視化で共通して用いられるものも多い.

なお,科学的可視化と情報可視化を明確に区別したのはロバートソン (G. Robertson) らが 1991 年に発表した論文[6]が最初といわれるが,可視化の適用範囲が拡大するにつれ,生命情報学などのように両者の区別があいまいな領域も増えてきているともいわれている[7].

1.3 ❖ オーバービューとフォーカス

情報可視化においてしばしば言及される概念に,**オーバービュー (overview) とフォーカス (focus)** がある.オーバービューとは対象とするデータ空間全体を可視化したものであり,フォーカスとは個々あるいは少数のデータの詳細を可視化したものを指す.データを利用する立場からすれば,オーバービューとフォーカスの両方ともが重要であり,可視化されるべき情報である.シュナイダーマン (B. Shneiderman) は,情報可視化システムの設計に関する指針として,下記の「視覚的情報探索におけるマントラ (visual information-seeking mantra)」を提唱しており,人間が視覚的に情報を探索する際の行動は以下に要約され,これに従い可視化システムを設計することが望ましいとしている.

> 最初にオーバービューを概観し,ズームやフィルターを適用した後,必要に応じて詳細を確認する
> (*Overview first, zoom and filter, then details-on-demand* [2])

このマントラにおける詳細 (detail) は,上で述べたフォーカスに相当する.このマントラは情報可視化の分野で非常に有名なものであり,数多くの文献で引用されているが,情報可視化システムの設計においてオーバービューとフォーカスの両方が重要であることを示している.

可視化を利用してデータを眺める目的はさまざまであるが,オーバービューが必要とされる目的は以下の 2 点に大別できる.

（1）　データ空間全体がもつ情報を読み取る．
（2）　着目すべき個々の情報を発見するための手がかりを得る．

（1）は，個々のデータではなく集団としてのデータから意味のある情報，知識や知見といったものを獲得することを目的とする場合である．たとえば，データが空間上の点として表現できるような場合には，データがとりうる属性値の範囲や，密集して存在する部分空間を把握したい場合などが相当する．また，データがネットワーク構造として可視化される場合は，スター構造や完全グラフ構造などの特徴的な構造が存在するかを把握したい場合などが相当する．データマイニングにおいても，クラスタリングや機械学習アルゴリズムなどを適用する前に，データの分布を把握しておくことが重要とされている．したがって，オーバービューはデータ分析において重要な役割を果たすといえる．

（2）は，ユーザの興味が個々のデータにある場合に対応する．情報検索システムに代表される情報アクセスの場合などは，検索結果の中から自身が必要とする情報に言及している文書や，条件を満たす属性値をもつデータを探すことが目的となる．必要とするデータの条件があらかじめ明確である場合には，データベースのクエリのように条件を指定して検索をすればよいが，そのような明確な条件や，場合によっては検索目的すらもたずに情報・データを探したい場合も多い．そのような場合には，対象とするデータ全体の概要を眺めたり，あるいは大まかな条件を指定して得られた検索結果を吟味したりすることを通じて，自分自身にとって必要な，あるいは関心のあるデータを発見する必要がある．したがって，最終的に必要な情報はフォーカスであっても，手がかりとしてオーバービューを必要とするのである．

また，データ分析におけるオーバービューの重要性として，データ空間全体がもつ情報を把握するために役立つことを述べた．しかし，データ分析においても手がかり情報としてオーバービューが必要とされる場面もある．たとえば，ほかのデータとは明らかに異なる値をもつデータは外れ値とよばれ，データ分析において外れ値の取扱いは重要とされている．外れ値は平均値などの統計量に大きな影響を与えるため，分析の際に取り除く必要がある．一般には測定ミスなどのノイズが外れ値である場合が多いとされるが，新たな知見やアイデアの発見につながる特徴的なデータである可能性も否定できない．したがって，単に取り除くだけではなく，その詳細を確認する必要がある場合も存在するため，オーバービュー

によって外れ値の存在に気づき，その詳細にアクセスすることは，データ分析，とくに探索的データ分析において有効な支援となりうる．

1.4 ❖ 情報可視化のプロセス

データマイニングはデータの集合から規則性などの有益な情報・知識を獲得する技術であるが，これらは KDD (knowledge discovery in databases) とよばれる一連のプロセスとしてとらえられる[8]．詳細は 3.1.2 項で述べるが，KDD プロセスと同様に，可視化も単体の技術ととらえるのではなく，プロセスとしてとらえるべきである．すなわち，可視化の対象となるデータを加工し，利用者に提示するまでにはいくつかの処理を経る必要がある．とくに情報可視化の場合，データに構造を与える処理が必要となる．

図 1.6 に，チー (E. H. Chi) が提唱している情報可視化のプロセス (data state reference model)[9,10] を示す．図のように，情報可視化のプロセスは以下の 3 種類の変換処理から構成される．

- **データ変換** (data transformation)
- **可視化変換** (visualization transformation)
- **視覚的マッピング変換** (visual mapping transformation)

図 1.6　情報可視化のプロセス

データ変換は，元データ (value) を可視化対象となる構造をもったデータに変換するプロセスに相当する．変換後のデータ (analytical abstraction) がもつ抽象的な構造は，元データがもつある種の情報を抽出したものとみることができる．これは元データについてのデータとみなすこともできるため，メタデータともよばれる．科学的可視化と異なり，情報可視化が対象とするデータは少数の特別な属性をもたないため，同一の元データから複数の異なるメタデータを得ることが可能である．

データ変換で得られるメタデータは抽象的な構造のデータであり，これを直接可視化することはできない．各種の可視化手法により描画可能なデータ (visualization abstraction）に変換する処理が可視化変換である．可視化手法により描画可能なデータの形式は異なるため，同一のメタデータに対し異なる変換処理を施すことで，複数の異なる描画可能なデータが得られる．

最後に生成される**ビュー**（view）が，実際にディスプレイに描画されるものに相当する．ノードなどのビューを構成する要素にデータをマッピングしたり，色やサイズといったビューの属性に，データのもつ属性をマッピングすることでビューが得られる．このマッピングを行う処理が視覚的マッピング変換である．

表 1.2 に，web サイト可視化を例にとった場合の，各データ，変換処理の一例を示す．なお，視覚的マッピング変換は採用する可視化手法により決定されるため，表ではビューとまとめて記載している．この例は，文献 [10] で紹介された例をもとに加筆修正している．web サイトの可視化では，元データは web サイトを構成する web ページの集合となる．このデータから，サイトの構造を可視化したい場合が例 1～3，使用されているキーワードおよびその頻度を分析したい場合が例 4 に該当する．

表 1.2 　web サイト可視化における情報可視化のプロセス

データ・変換	例 1	例 2	例 3	例 4
元データ	web ページ集合			
データ変換	リンク解析			キーワード解析
変換後のデータ（メタデータ）	ネットワーク構造			キーワード集合
可視化変換	幅優先探索		−	ソート
描画可能なデータ	木構造	木構造	ネットワーク構造	キーワードリスト
ビュー(視覚的マッピング変換)	ツリーマップ	コーンツリー	ばねモデル	タグクラウド

サイトの構造を可視化する場合，元データの web ページからハイパーリンクを抽出することでネットワーク構造を求める．ネットワーク構造を可視化する場合，2.6 節で紹介するネットワーク構造の可視化手法を適用してビューを生成することが可能であり，例 3 では，ばねの力学的エネルギーにより各ノード（web ページ）の位置を決定するばねモデルを用いている．この場合，可視化変換を適用せずに視覚的マッピング変換を直接適用することができるが，特定のノードのみを選択するなど，用途によっては可視化変換を適用することもありうる．

webサイトのトップページなど，ある特定のページを起点として可視化を行いたい場合には，ネットワーク構造から木構造を求め，2.5節で紹介する木構造の可視化手法を適用する．可視化変換では，起点となるノード（webページ）を定め，そこから幅優先探索や深さ優先探索などの探索アルゴリズムを適用することで木構造を求めることができる．木構造の可視化手法も複数存在し，例1では入れ子構造として木構造を2次元平面に描画するツリーマップ（2.5.2項），例2では3次元空間にノード・リンクダイアグラムを描画するコーンツリー（2.5.1項）を採用している．

一方，例4ではデータ変換として，元データである各webページからキーワード抽出処理を行い，キーワードごとに出現頻度を求める．その後，可視化変換としてキーワードを出現頻度の多い順にソートし，出現頻度上位のキーワードのみを抽出して頻出キーワードリストを得る．キーワードリストの可視化手法として，2.7節で紹介するタグクラウドを適用し，ビューを求めている．このように，同一のデータであっても用途に応じて異なる構造を抽出し，それぞれ適した可視化手法を選択することで最終的なビューを求める．

1.5 ❖ 視覚変数

色やサイズといったビューの属性は**視覚変数**(visual variable)とよばれる．視覚変数にはさまざまなものが考えられるが，ハリク(L. Halik)は表1.3の15種類に分類している[11]．視覚変数ごとに表現可能あるいは表現に適した属性は異なっている．たとえば，大きさは棒グラフの高さやノードのサイズなどに対応し，属性値の大小関係を比較するのに適しているため，定量的な属性に用いるのが一般的である．一方，形状は同じか否かの判定に適しているが，定量的な属性の表現には適していない．したがって，性別や所属クラスなどといった，第2章で後述する名義的データタイプの表現によく用いられる．色は，異なる属性値には異なる色を割り当てることで，属性値が同じか否かの識別に用いることもできる．一方，ヒートマップなどのように連続的に変化させることで，定量的な属性にも用いることができるが，人間にとって直感的に理解しやすい色の割当てにする必要がある．また，国によって色のもつ意味合いや慣例的な用法が異なるため，用途によってはこれらに注意を払う必要もある．

前述のとおり，大きさは定量的な属性に対してよく用いられるが，ノードや3

表 1.3　視覚変数の分類

視覚変数	例
大きさ (size)	オブジェクトの大きさ
形状 (shape)	オブジェクトの形状：四角，丸など
明度 (lightness/value)	色の明るさ
色 (hue+saturation)	色
方向 (orientation)	オブジェクトの向き．回転により調整される
テクスチャ (texture)	オブジェクト表面の質感：手触りなどを表現
位置 (location)	オブジェクトの表示位置
色相 (hue)	色の様相の相違，色合い
彩度 (saturation/intensity)	色の鮮やかさや強さ
配置 (arrangement)	オブジェクトの配置・並べ方
焦点 (focus/crispness)	描画におけるピント（焦点）・ぼけ
解像度 (resolution)	描画における解像度：ピクセル数など
透過度 (transparency)	背面にオブジェクトなどが透過する度合い
間隔 (spacing)	直線などの描画間隔
遠近法的高さ (perspective height)	3次元立体の高さ

次元物体のサイズとして表現する場合には，物体の半径や辺の長さではなく，面積あるいは体積を属性値に比例させるべきとされている[12]．図 1.7(a) は，円の半径を数値 10, 20, 100 に比例させて描画した例，図 (b) は同じ数値に円の面積を比例させて描画した例であり，半径に比例させた場合，実際の数値差よりも強調されて知覚されることがわかる．

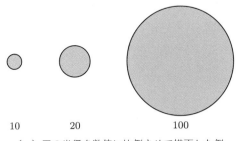

（a）円の半径を数値に比例させて描画した例

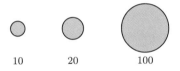

（b）円の面積を数値に比例させて描画した例

図 1.7　視覚変数として大きさを採用した例

色は，最も一般に利用される視覚変数の一つである．色の特徴の一つは，前注意過程において認識される点である．人間の視覚による認識は，凝視とサッケード (saccade) の繰り返しで行われる．サッケードとは，凝視の合間に発生する視点の移動であり，約 200 ミリ秒の短時間に行われる．このサッケードの間に行われる，凝視による意識的な処理とは異なる処理過程を前注意過程とよぶ[13]．記号の区別は意識的に行わなくてはならないのに対し，色や形状，動き，位置などの違いや変化はこの前注意過程で即座に認識される．

色の表現法（色空間）として有名なものの一つに **RGB** があり，赤 (red)，緑 (green)，青 (blue) の三原色の組合せで色を表現する．それぞれ 8 ビット，合計 24 ビットで色を表現する場合，約 1,678 万色の異なる色が表現可能である．視覚変数としてみた場合，赤，緑，青それぞれに数値属性を割り当てることが考えられるが，実際には RGB はそのような利用には適していない．赤，緑，青それぞれの色だけに限れば色の変化は連続的であるが，それらを合成して得られる色の変化は，数値の変化に対し連続的になるとは限らないためである．このような用途の場合には，**HSV** 色空間や **HLS** 色空間が用いられることが多い．これらはともに，**色相** (hue)，**明度** (value, lightness)，**彩度** (saturation) の 3 属性で色を表現する．両者の違いは明度の軸の取り方にあり，HSV では原色の明度を $V = 100\%$ としているのに対し，HLS では $L = 50\%$ のときに原色となるように定めている．

色相とは，赤や青といった基本的な色の種類に対応し，順序立てて円環上に並べて表現される（**色相環**）．したがって，とりうる値の範囲は 0〜360 度になる．赤が 0 度に対応し，波長の長い順に赤，橙，黄，緑，青，紫の順に並ぶ．色相環上で向かいにある（180 度異なる）色を**補色**とよぶ．補色はたがいを目立たせる効果があるため，看板やバナーなどのデザインにおいて考慮される．図 1.8 に色相環を示す．色相は，本来はカテゴリ属性など，絶対量の提示に向いているとの指摘もあるが[14]，ヒートマップなどで連続値を表現するためにも用いられる．その場合，色の順序関係はすべての人にとって必ずしもわかりやすいとはいえないため，凡例の用意などが必要となる．

明度は色の明暗を表す属性であり，値が大きいほど明るい色となる．白黒のみを用いて画像の階調を表現するグレースケールは，明度のみを変化させている．明度は相対量の提示に向いているため，大きさ比較や順序関係の目的で用いられる．色相と異なり，特別な知識や凡例がなくても把握可能という利点がある．

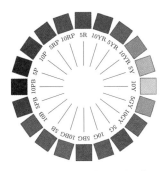

図 1.8 色相環（♦ p.v 参照）

彩度は色の鮮やかさを表す属性であり，0 が無彩色（白・黒・灰色）に対応し，100%で原色の彩度となる．

これ以外の色空間として，**均等色空間**の一種である L*a*b* (CIELAB) 色空間なども用いられる．均等色空間は，空間上の距離と，人間が知覚する色差が一致するという利点がある．すなわち，空間上で距離が等しい色のペアが二つあるとき，両ペアが同じくらい異なっていると知覚される．

可視化に用いるプログラミング言語では，RGB や HSV など複数の色空間をサポートするものも多いため，色空間を変換する処理を実装する必要はない場合も多いが，相互の関係を理解するため，RGB から HSV，あるいは HLS に変換する式をまとめる．以下で，R, G, B は最小値 0，最大値 1 をとるとする．また，HSV は円柱モデルとしている．なお，CIELAB と RGB は相互に直接変換するのではなく，CIEXYZ などを経由しての変換となるが，詳細は専門書にゆずる．

・RGB から HSV への変換

$$H = \begin{cases} undefined & \text{if } \min(R,G,B) = \max(R,G,B) \\ 60\left\{\dfrac{G-B}{R-\min(R,G,B)}\right\} & \text{if } \max(R,G,B) = R \\ 60\left\{\dfrac{B-R}{G-\min(R,G,B)}+2\right\} & \text{if } \max(R,G,B) = G \\ 60\left\{\dfrac{R-G}{B-\min(R,G,B)}+4\right\} & \text{if } \max(R,G,B) = B \end{cases} \quad (1.1)$$

$$S = \frac{\max(R,G,B) - \min(R,G,B)}{\max(R,G,B)} \quad (1.2)$$

$$V = \max(R,G,B) \quad (1.3)$$

・RGB から HLS への変換（色相 H は式 (1.1) と同じなため割愛）

$$L = \frac{\max(R,G,B) + \min(R,G,B)}{2} \quad (1.4)$$

$$S = \begin{cases} \dfrac{\max(R,G,B) - \min(R,G,B))}{\max(R,G,B) + \min(R,G,B)} & \text{if } L \leq 0.5 \\ \dfrac{\max(R,G,B) - \min(R,G,B))}{2 - \max(R,G,B) - \min(R,G,B)} & \text{otherwise} \end{cases} \quad (1.5)$$

視覚変数としての色の利用方法の代表例として，連続値の大きさを提示するために利用する場合について説明する．データ値と色の対応関係を定めたものをカラーマップとよぶ．**カラーマップ**は，ヒートマップやピクセルベースの可視化などで利用される[14,15]．グレースケール，すなわち明度のみを用いたカラーマップの例を図 1.9 に示す．

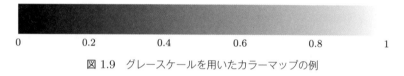

図 1.9　グレースケールを用いたカラーマップの例

グレースケールのメリットは，色に関する特別な知識がなくても値の大小関係を容易に把握可能な点である．一方，カラーを用いたほうが，知覚的に識別可能な状態数を多くできるとされており[16]，さまざまなカラーマップが研究されている．代表的なものに **BBR**(black-body radiation) 系のカラーマップがあり，温度が低いと赤く，高くなるほど青白くなる黒体放射のスペクトルに基づいている．一般に用いられることの多い，色相環の一部を利用したカラーマップ（rainbow カラーマップとよばれることもある）よりも好ましいとの指摘もある[14]．図 1.10 に BBR 系のカラーマップの例を示す．

図 1.10　BBR 系のカラーマップ（◆ p.vi 参照）

2 さまざまな可視化手法

本章では，代表的な情報可視化手法について紹介する．すべての可視化手法を整理可能な，合意された体系は現状では存在しないが，いくつかの観点から本書で紹介する可視化手法を整理した後，統計グラフや多次元データの可視化手法などについて，対象データや可視化されたデータの見方，描画アルゴリズムなどについて説明する．また，複数の可視化手法を組み合わせたシステム開発に関する話題として，協調的マルチビューのコンセプトについても紹介する．

Keywords
* 統計グラフ * 平行座標 * ツリーマップ * ばねモデル * タグクラウド
* 協調的マルチビュー

2.1 ◆ 問題の定式化

第2章では，具体的な可視化手法について見ていくが，その前に可視化を「データに内在する構造を視覚的に表現する問題」としてとらえ，その定式化を行う．また，データ型の観点からも分類を行い，多様な可視化手法を概観する．

可視化の対象とするデータセット D は，データオブジェクト o の集合とみなすことができる．たとえば，学生の成績に関するデータセットの場合には学生，文書集合の場合には文書がデータオブジェクトにそれぞれ該当する．また，通常データオブジェクトは，いくつかの属性 a（全体集合 A）により表現される．これらは以下のように定式化される．

$$D = \{o_1, \cdots, o_n\} \tag{2.1}$$

$$o_i = \{v_{i1}, \cdots, v_{im}\} \tag{2.2}$$

$$A = \{a_1, \cdots, a_m\} \tag{2.3}$$

データオブジェクトを m 次元のベクトルととらえれば，各オブジェクトは m 次元空間上の点として表現されるため，多次元空間の可視化とみなすことができる．あるいは，オブジェクト間の関係が以下のように与えられる場合もある．

$$R = \{r_{ij}\} \tag{2.4}$$

ここで，r_{ij} はデータオブジェクト o_i, o_j 間の関係であり，関係の有無が 2 値 [0,1] で与えられる場合や，距離あるいは類似度などの実数値で与えられる場合などがある．$o_1 \sim o_n$ をそれぞれ行，列にとれば，R は $n \times n$ の行列としても表現可能である．また，関係が時間により変化するような動的なデータを対象とする場合もある．R は直接与えられる場合もあるが，式 (2.2) で与えられるデータオブジェクトから計算により求める場合もある．m 次元空間上のユークリッド距離として求めたり，データオブジェクトが文書の場合にはコサイン類似度を求めることなどが一般に行われる．

可視化の目的は多種多様であるが，上記の定式化に基づいて考えれば，個々のデータオブジェクト (o) を対象とした可視化，全体構造（オーバービュー）を対象とした可視化に大別できる．1.1 節で紹介したチャーノフの顔グラフは，代表的なデータオブジェクトの可視化手法である．全体構造の可視化としては，オブジェクト間の関係，すなわち R を対象とした可視化が代表的である．ネットワーク構造の可視化（2.6 節）や，さらに構造化された木構造の可視化（2.5 節）が代表的な可視化手法となる．また，オブジェクト間の関係ではなく，属性間の関係も全体構造の一種とみなせる．これについては散布図や散布図行列（2.3.5 項）による可視化が代表的である．また，地理情報システム (geographic information system, GIS) も，緯度，経度を属性とした全体構造可視化の一例とみなせる．R を対象とした可視化は主にオブジェクト間の接続関係に関心がある場合に用いられるのに対し，散布図などを用いた可視化はオブジェクト間の距離関係，位置関係に関心がある場合に用いられる．

つぎに，可視化の対象となるデータの観点から分類を行う．分類の観点として，以下のような構造に関する分類が考えられる．

- 次元数による分類
- 要素間の関係による分類：集合，ベクトル，時系列
- 階数による分類：スカラー，ベクトル，行列，テンソル
- 独立変数/従属変数の数による分類

同じデータであっても，異なる構造により表現することも可能である．たとえば文書をデータオブジェクトとする場合，一般によく用いられる bag of words モデルでは，データオブジェクトを文書に含まれる単語の集合として表現する．集合であるため，単語の出現頻度や出現順序は考慮されない．また，文書ごとに要

素数が異なる．このようなデータモデルを採用した場合，データオブジェクト間の類似度計算には，Jaccard 係数や Simpson 係数など，要素の共起度に基づく指標が用いられる．一方，データセット内に出現する各単語を一つの次元としたベクトルとして文書を表現することも一般に行われる．この場合，単語の出現頻度は各次元の値を決定する一要因として考慮されるのが一般的である．すべての文書が同じ次元数で表現されるため，類似度計算には内積やコサイン類似度が用いられる．ベクトルや集合の場合，要素はたがいに独立しているが，時系列データの場合には順序関係が存在する．このようにさまざまなデータ構造が存在するため，利用する可視化手法に対応したデータ構造を検討する必要がある．

　統計グラフの説明のところで再度触れることになるが，ここでデータタイプによる分類を紹介する．たとえばプログラミング言語では，整数型 (int)，文字型 (char)，ブーリアン型 (Boolean)，浮動小数点型 (float, double) などのデータ型が用意されているが，ここではより抽象的な分類として以下を紹介する．

- 定量的 (numerical) データ：離散/連続など
- 定性的 (qualitative) データ：性別，成績など
- **名義的 (nominal) データ**：性別，血液型など
- **順序的 (ordinal) データ**：成績（優，良，可，不可）など
- **間隔的 (interval) データ**：温度（摂氏，華氏），日付など
- **比率的 (ratio) データ**：絶対温度，温度差，日数など

　定量的データは，量として扱うことができるデータであり，間隔的データや比率的データが該当する．値が整数値などのように離散的な場合，実数値のように連続的な場合とでさらに分類可能であり，それぞれ可能な計算が異なる場合がある．定量的な表現ができないものは定性的データとよばれ，名義的データや順序的データが該当する．

　名義的データは，特定の値をとるデータオブジェクトを選択したり，同一の値をとるか否かでオブジェクト間の関係を求めることは可能であるが，異なる値間の関係は存在しないものとみなせる．これに対し順序的データでは，値間の上下関係が存在するため，ソート（整列）が可能となる．

　間隔的データは，データ間の値の差に意味がある．すなわち，「昨日より気温が10℃も高い」や，「今年の連休は 7 日間ある」といった解釈が可能である．これに対し前述の順序的データでは，異なる値間の差は一定ではないため，このような

解釈は厳密にはできない．たとえば成績の場合，優と良の差，可と不可の差は一定ではなく，進級・卒業の観点からは可と不可の差のほうが意味は大きいといえる．

一方，間隔的データの場合,「20℃は10℃の2倍である」や,「2015年1月1日は2000年4月1日の何倍か」などは意味をなさない．温度の例は一見正しいように感じるかもしれないが，華氏に換算すると同じ温度でも異なる比率となってしまう点で問題となる．比率が意味をもつためには基準点が必要であり，そのような基準点をもつデータは比率的データとなる．温度の例では，熱力学温度（絶対温度）が絶対零度0Kを基準点としてもつため，比率的データとなる．日付の場合には,「降雨日数が先月の2倍になった」は意味をなすことからわかるように，日数に関しては比率的データとなる．同様に温度差に関しても比率的データとみなせる．

以上より，名義的，順序的，間隔的，比率的データそれぞれにおいて可能な演算を表2.1にまとめる．不適切な演算を行った結果を可視化しても，正しい解釈は行えないので注意が必要である．

表 2.1　データタイプと可能な演算の関係

演算	名義的	順序的	間隔的	比率的
一致比較	○	○	○	○
大小比較	−	○	○	○
加減算	−	−	○	○
乗除算	−	−	−	○

2.2 ❖ 可視化手法の分類

前節で紹介した，データオブジェクトを対象とした可視化/全体構造を対象とした可視化と，離散/連続の観点から可視化の目的を整理し，本書で紹介する可視化手法との対応を示すと図2.1のようになる．

データオブジェクトを対象とした可視化では，オブジェクトの詳細を確認することや，特徴的なオブジェクトの発見が主な目的となる．これらの目的に対応した可視化手法として，オブジェクトの詳細を提示するのに用いられる図像的可視化や平行座標が挙げられる．これらについては2.4節で紹介する．また，2.3節で紹介する統計グラフの一種，レーダーグラフなども関連する可視化手法である．

特徴的なオブジェクトを発見したい場合には，条件を指定して関心のあるオブジェクトを見つけたい場合（フィルタリング）や，ほかとは異なる特性をもつ外

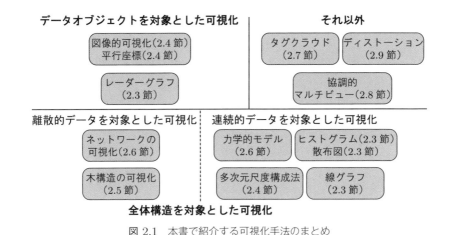

図 2.1 本書で紹介する可視化手法のまとめ

れ値を発見したい場合なども該当する．フィルタリングに関しては，2.8節で紹介する協調的マルチビューのナビゲーショナル・スレービングが関連する話題となる．また，関心のあるオブジェクトや外れ値がとる条件（属性値）があらかじめわかっていない場合も多く，その場合には全体構造を手がかりに発見する必要がある．したがって，この場合も全体構造を対象とした可視化手法が用いられる．

　全体構造を対象とした可視化では，データオブジェクト間の関係が離散的か連続的かで分類することができる．

　離散的関係の一つには関係の有無がある．たとえば，ネットワーク構造で考えた場合には，直接リンクで結ばれている関係だけでなく，ほかのオブジェクトを経由した経路（パス）の有無に関心がある場合も多い．これらについては2.6節で紹介するネットワークの可視化が用いられる．また，離散的な関係の質として，上下関係やグループ（クラスタ）の包含関係が挙げられる．これらには，2.5節で紹介する木構造の可視化が用いられる．

　連続的な関係とは，関係の強弱などが定量的に取扱い可能な関係を指す．距離などの位置関係やデータの分布範囲，時系列データの変動などが該当する．位置関係やデータの分布範囲の可視化については，データオブジェクトが存在する空間を可視化するアプローチが一般的であり，統計グラフのヒストグラムや散布図のほか，2.4節で述べる多次元データを対象とした多次元尺度構成法などが用いられる．また，2.6節で紹介する力学的モデルによる可視化が用いられることも多い．時系列データの変動に関しては，統計グラフの線グラフを用いることが一

般的である．

　上記に該当しないものとして，文書などのテキストデータを対象とした可視化が挙げられる．類似度に基づく文書間の関係などは，連続的な関係の可視化や離散的関係（グループ）として同様に扱うことができるが，文書内容の概要を提示する場合には，テキストデータ特有の可視化手法としてタグクラウドが用いられることがある．タグクラウドについては 2.7 節で紹介する．

2.3 ❖ 統計グラフ

2.3.1・統計グラフとは

　統計グラフは，統計データの提示に一般に用いられるものであり，新聞や教科書などでもおなじみのものである．統計グラフにはさまざまなものが存在するが，ここでは以下の分類に従って説明する[17]．また，3 次元グラフとして描画することも多くみられるが，以下の説明では平面グラフを用いている．

- 棒グラフ系：大きさの比較
- 線グラフ系：時間的変化の可視化
- 帯グラフ系：構成比率の可視化
- 分布図系：データ分布の可視化
- レーダーチャート：複数項目の比較

2.3.2・棒グラフ系

　棒グラフ (bar chart) は，大きさの比較を行うために用いられる統計グラフである．横軸にはオブジェクトや時間的要素，縦軸にはある指標に関する値（定量的データ）をとる．たとえば，横軸に学生（A, B, C），縦軸にテストの得点をとれば，学生ごとの成績比較に関する棒グラフとなる（図 2.2）．

　複数科目のテストがあった場合などは，各学生について科目に対応する複数の棒グラフを描画したり（図 2.3（a）），各科目の点を重ねて一つの棒グラフを描画したりすることが可能である（図 (b)）．後者の場合は**積み上げ棒グラフ** (stacked bar chart) とよばれる．この例における科目は系列とよばれる．なお，科目と学生を入れ替えて棒グラフを描画することも可能であり，グラフの目的に応じ，比較が容易になるほうを選択すべきである．

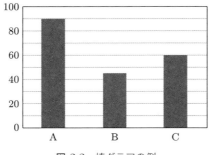

図 2.2　棒グラフの例

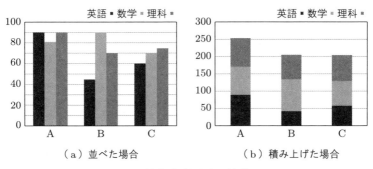

（a）並べた場合　　　　　　　（b）積み上げた場合

図 2.3　複数系列からなる棒グラフ

棒グラフと同様，大きさの比較に用いられる代表的な統計グラフに**統計地図** (statistical map) が挙げられる（図 2.4）．たとえば，各都道府県の人口を比較するグラフを作成したい場合，日本地図の各都道府県を人数ごとに色分けして描画

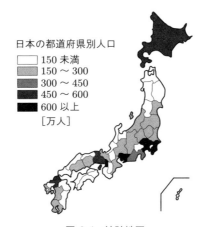

図 2.4　統計地図

したグラフが代表的なものである．色分けが一般的であるが，各都道府県の位置に棒グラフを描画したりといったバリエーションもある．

2.3.3・線グラフ系

線グラフは，数値データの時間的変動などを描画する際に用いられる代表的な統計グラフである．縦軸は棒グラフと同様であるが，横軸は間隔的あるいは比率的データである必要がある．棒グラフと同様に，複数の系列をそれぞれ線グラフとして描画したり（図 2.5 (a)），積み上げ線グラフ（図 (b)）として描画することも可能である．図 (b) のように線の下領域を塗りつぶす場合は**面グラフ** (area chart) とよばれる．

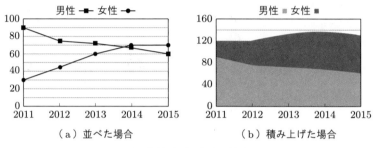

(a) 並べた場合　　　　(b) 積み上げた場合

図 2.5　複数系列からなる線グラフ

線グラフは時間的変化について描画する場合だけでなく，複数の系列の大きさを比較する場合に棒グラフの代替として用いられることも多い．図 2.6 は，図 2.3 に示したものと同じデータについて，系列に学生（A, B, C）を，横軸に科目をとった線グラフとして描画したものである．同じ学生の得点を線で結ぶことでグループ化されるため，特定の学生の得点を視認することが容易となる．棒グラフ

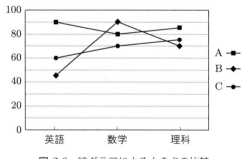

図 2.6　線グラフによる大きさの比較

の代替として線グラフを用いる場合には,横軸は名義的データでもかまわない.

注意すべき点として,グラフ描画ツールによっては「線グラフ」がこのような「棒グラフの代替としての線グラフ」を意味している場合がある.この場合,データ間の間隔が異なる間隔的データを横軸に割当てると,正しいグラフが描画されない.図 2.7(a),(b)は同じデータを描画したものであるが,図(a)は棒グラフの代替としての線グラフ,図(b)は本来の線グラフとして描画したものである.図(a)では 2007 年以降増加傾向が鈍化したように読み取れるが,図(b)では全データが直線状に並んでおり,そのような鈍化傾向は読み取れない.実はこの例では,2005, 2007, 2008, 2009 年のデータを含んでいるが,2006 年のデータは含まれていない.しかし,図(a)では横軸は名義的データとして扱われているため,4 年分のデータはすべて等間隔で並べられてしまう.これに対し図(b)では間隔的データとして正しく扱われているため,2005 年と 2007 年の間の距離がほかのデータ間の 2 倍となっている.使用するグラフ描画ツールの線グラフがこのような棒グラフの代替的なものである場合には,後で述べる散布図を利用しデータ間を線でつなぐことで,横軸を間隔的データとして扱った線グラフを描画できる場合がある.

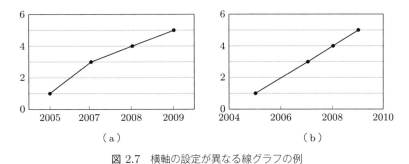

図 2.7　横軸の設定が異なる線グラフの例

2.3.4・帯グラフ系

帯グラフ系のグラフは,構成比率を可視化するために用いられる.データオブジェクト $o = \{v_1, \ldots, v_m\}$ の属性値に関して $\sum_{i=1}^{m} v_i = 100\%$ が成立する場合,各属性値は全体に占める比率を表していることになる.この大きさに比例してグラフ描画領域を分割することにより,構成比率を表現する.代表的な統計グラフに帯グラフと**円グラフ**がある.図 2.8 に,同じデータについて描画した帯グラフと円グラフを示す.帯グラフは,2.3.2 項で紹介した積み上げ棒グラフの合計を定

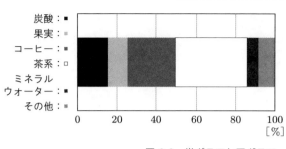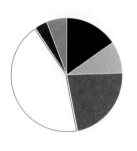

図 2.8 帯グラフと円グラフ

数 (100%) にしたものとみなすことができる．たとえば，国ごとの清涼飲料水生産量の比率を比較したい場合は，国ごとにその比率を表現した積み上げ棒グラフを描画すればよいが，構成比率の総和はつねに 100% であるため，棒グラフの高さはどれも同じとなる．

　帯グラフ系に属する統計グラフの一種に，**三角グラフ**がある．三角グラフは属性数が 3 の場合に利用され，三角形の辺を利用して構成比率を表現する．図 2.9 に三角グラフの例を示す．3 次元 (x, y, z) で表現されるデータオブジェクトは正三角形内のある一点に対応し，x, y, z の各値は点から各辺に下ろした垂線の長さ（図 2.9 (a)）あるいは各辺に写像された線分の長さ（図 (b)）として表現される．どちらも，「三角形内部の任意の点から各辺へ下ろした垂線の長さの和は一定」という性質を利用したものである．図 (a) の形式の三角グラフは，手作業で描画するのには向いていないが，図 (b) の形式の場合は各辺上に目盛をつけることで，手作業で描画するのも容易である．

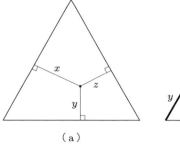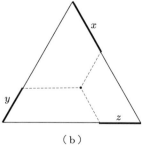

図 2.9 三角グラフ

2.3.5 ・ 分布図系

分布図系は，データオブジェクトの分布を可視化するために用いられる統計グラフであり，全体構造の可視化に適している．代表的なものに**散布図** (scatter plot) や**ヒストグラム** (histogram)，**ボックスプロット** (box plot) がある．

散布図はデータオブジェクト $o = \{v_1, \ldots, v_m\}$ を m 次元とみなし，属性を各軸にとった空間上の一点として表現する．オブジェクトの存在範囲や集中して存在する部分，分布のばらつき（広がり）を点の粗密などから把握することができ，それに基づき外れ値などの判断も可能となる．また，属性間の相関関係も読み取ることができる．通常，散布図は平面あるいは3次元空間として描画するため，2,3次元のデータオブジェクトまでしか可視化できない．より高次元のデータを扱う場合には，全属性の組合せについて散布図を描画する**散布図行列** (scatter matrix) や，2.4.3項で紹介する次元縮退を利用する．図 2.10 に散布図行列の例を示す．この例は3次元のデータであるため，3種類すべての組合せについて，それぞれ散布図を描画している．三つの属性を行，列にとり，対応する組合せの散布図を，対応する位置にセルのように配置する．図の例では，属性1を横軸にとった散布図が1列目に配置されている．図より，属性1と3の組合せはデータオブジェクトが対角線上に集まっていることから，両属性の間には相関関係があることが読み取れる．ツールによっては，すべての属性を行，列に置いて散布図行列を作成する場合がある．たとえば図2.10のように3属性ある場合には，$3 \times 3 = 9$ 種類の散布図を描画する．このとき，散布図行列は対角線で対称となっており，上

属性 1	属性 2	属性 3
1	2	1
4	1	3
4	2	4
5	3	4
1	5	2

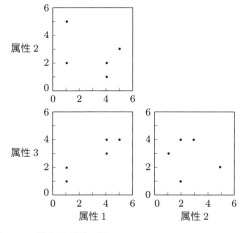

図 2.10　散布図行列の例

半分の散布図は下半分の散布図の縦軸,横軸を入れ替えたものとなる.また,対角成分は縦軸・横軸が同じ属性になり,散布図を描画しても対角線上に点が並ぶだけになるため,描画されない場合もある.また,対角線上には散布図の代わりに各属性のヒストグラムを描画するツールもある.

散布図が,データオブジェクトをそのまま描画することでデータ分布を可視化するのに対し,ヒストグラムやボックスプロットは,データ分布に関する要約情報を可視化する.

ヒストグラムは,縦軸に度数,横軸に階級をとった棒グラフの一種であり,データオブジェクトが取りうる値の範囲を一定幅の区間に分割したものを階級 (class) あるいはビン (bin) とよぶ.度数はその階級に属するデータオブジェクトの個数を表す.図 2.11 にヒストグラムの例を示す.この例では 100 までの値を 20 ずつの等間隔に分割しているが,データをいくつの区間に分割するか(階級数)が定かではない場合の目安として,以下のスタージェスの公式がよく知られている.

$$k = 1 + \log_2 n \tag{2.5}$$

ここで,n はデータオブジェクトの数である.たとえば $n = 100$ のとき,$k = 7.64$ となるため 8 区間,$n = 1000$ のときは $k = 10.97$ となるため 11 区間程度に分割すればよいことになる.

階級	度数
0-20	3
21-40	11
41-60	15
61-80	8
81-100	3
合計	40

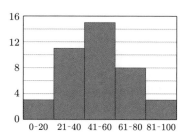

図 2.11 ヒストグラム

ヒストグラムはデータオブジェクトを階級ごとにまとめるため,散布図と比較すると,データ分布を要約した情報を可視化しているとみなせる.さらに要約度を高めると,データ分布の特徴を表す数値を求め,それを提示することが考えられる.一般に,分布の要約を表現する特徴量として「**代表値**」と「**ばらつき**」が挙げられ,ボックスプロットではこれらの値を可視化する.そこで,ここではこれらの値について説明した後,ボックスプロットを説明する.

代表値とは,あるデータオブジェクトの集合を代表する値を意味するが,何を

もって「代表」とみなすかによって，以下に示すようなバリエーションが存在する．

- 平均値：**算術平均 (arithmetic mean)** 値，**調和平均 (harmonic mean)** 値，**幾何平均 (geometric mean)** 値
- **最頻値（モード (mode)）**：出現頻度が最大のデータ値
- **中央値（メジアン (median)）**：データオブジェクトを大きさ順に並べたとき中央にくる値

値の集合を $X = \{x_1, \ldots, x_n\}$ とするとき，算術平均値 $AM(X)$，調和平均値 $HM(X)$，幾何平均値 $GM(X)$ の定義式はそれぞれ以下の式で求められる．

$$AM(X) = \frac{1}{n} \sum_{i=1}^{n} x_i \tag{2.6}$$

$$HM(X) = \left(\frac{1}{n} \sum_{i=1}^{n} \frac{1}{x_i} \right)^{-1} \tag{2.7}$$

$$GM(X) = \left(\prod_{i=1}^{n} x_i \right)^{1/n} \tag{2.8}$$

調和平均は三つの中でつねに最少，算術平均は最大となる．

　算術平均値，最頻値，中央値は，データの分布によって同じ値になることも，異なる値になることもある．たとえば正規分布のように，ピークが一つで左右対称な分布の場合にはこれらはすべて同じ値をとるが，分布にゆがみがあったり，ピークが複数ある多峰性分布の場合などは異なる値となる．たとえば日本における所得分布では，通常算術平均値よりも最頻値，中央値が小さな値となる．これは，取得の少ないほうに分布のピーク（最頻値に対応）があり，取得の多いほうの裾が長いためである．

　これらの代表値は，すべてのデータについて必ずしも計算できるものではなく，2.1 節で述べたデータタイプによって計算可能なものが異なる．たとえば調和平均は，加減算までしか行えない間隔的データでは計算できない．また，名義的データは値間に順序関係が存在しないため，中央値が計算できない．データタイプと計算可能な代表値の関係について表 2.2 にまとめる．

　データのばらつきに関する指標としては，**標準偏差**，**四分位値**がある．標準偏

表 2.2 データタイプと計算可能な代表値の関係

代表値	名義的	順序的	間隔的	比率的
算術平均	−	−	○	○
調和平均	−	−	−	○
幾何平均	−	−	−	○
最頻値	○	○	○	○
中央値	−	○	○	○

差 $SD(X)$ は分散の平方根であり，X の平均値を x_m として次式で定義される．

$$SD(X) = \sqrt{\frac{1}{n}\sum_{i=1}^{n}(x_i - x_m)^2} \qquad (2.9)$$

四分位値は，データオブジェクトを値の昇順に並べたとき，全体の 25%，75% の位置にくるデータの値であり，それぞれ第 1 四分位値，第 3 四分位値とよぶ．なお，50% の位置にくるデータの値は前述の中央値となるが，第 2 四分位値ともよばれる．定義より，標準偏差は算術平均と，四分位値は中央値と組み合わせて用いるのが一般的である．

代表値やばらつきに関する指標を組み合わせたデータ分布の要約提示の代表的なものとして以下が挙げられる．

- **2 数要約**：算術平均値 + 標準偏差
- **3 数要約**：中央値 + 四分位値
- **5 数要約**：中央値 + 四分位値 + 最大・最小値

2 数要約は，対称的なデータ分布であることを仮定しているのに対し，四分位値を用いる 3 数要約，5 数要約ではデータ分布の非対称性も表現可能である．このうち，5 数要約に対応する可視化手法がボックスプロットであり，**箱ひげ図**ともよばれる．

図 2.12 はある野球チーム 2 チームにおける，100 打席以上の選手の本塁打数に関するボックスプロットである．ボックスの下底，上底は第 1，第 3 四分位値にそれぞれ対応し，箱の内部に引かれている線は中央値に対応する．箱から伸びているひげは，最小値，最大値の位置を示している．図 2.12 より，最多本塁打数はチーム A のほうが多いが，中央値は両チームとも差はなく，分布としてチーム B のほうが本塁打数の多い選手が多いことがわかる．なお，ひげの長さは描画ツールごとに異なり，上側は（第 3 四分位値 − 中央値）の 1.5 倍，下側は（中央

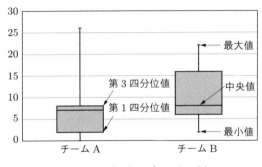

図 2.12　ボックスプロットの例

値 − 第 1 四分位値）の 1.5 倍とする場合も多い．この場合，ひげの範囲外にあるデータは外れ値の候補となる．

2.3.6・レーダーチャート

レーダーチャートは，データオブジェクトのもつ複数の属性を比較する場合などに用いられる．属性数を m とすると，正 m 角形の領域に描画される．中心から各頂点に伸びる直線を各属性に対応した軸として属性値をプロットし，対応する属性値を線で結ぶことでデータオブジェクトを表現する．複数のデータオブジェクトを重ねて描画することで比較を行うことができる．

図 2.13 は，ある野球チーム 3 チームの成績を比較したレーダーチャートの例である．図より，チーム G は盗塁数が多く，かつ防御率が低く失点が少ない一方，打率・得点が低い・少ないことから，投高打低のチームといえる．一方チーム S

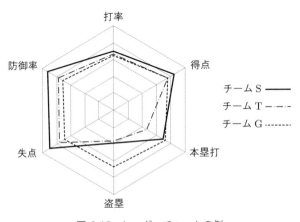

図 2.13　レーダーチャートの例

は打率が高く得点・本塁打も多い反面，防御率が高く失点が多いことから打撃優位のチームといえる．また，チーム T は 3 チームの中でほかより特別に優れた点がないことも読み取れる．

　レーダーチャートは，軸の間に時間的関係をもたせれば線グラフのように時系列データの可視化を行うこともできる．また，帯グラフのように構成比率を可視化するために用いることもできる．軸で張られる空間上にデータオブジェクトをマッピングする点では，散布図や 2.4.3 項で紹介する多次元尺度構成法などとも関連があるといえる．さらに，属性値をつないで描画される多角形の形状がデータオブジェクトを表現するととらえれば，チャーノフの顔グラフなどの可視化手法とも関連があるとみなせる．顔グラフなどの場合は，属性と視覚的パラメータとのマッピングを変更すると，得られる可視化結果の印象が大きく異なる場合があるが，レーダーチャートの場合はマッピングの違いによる変化は比較的少ない．

2.3.7 • 統計グラフの選択

　本節ではさまざまな統計グラフについて紹介したが，どのようなデータにどの統計グラフを選択すべきであるかについてのガイドラインを最後にまとめる．

　各データが単一の値をもち，それらを比較したいような場合には，大きさの比較に適した棒グラフが適している．一方，時系列データなどのように，一つのデータが複数の値から構成され，それらの値間の関係を確認したいような場合には，線グラフが一般に用いられる．また，線グラフは複数の値から構成されるデータ間の比較を行う場合にも適している．図 2.6 に示したように，複数の試験科目について学生どうしの結果の比較を行いたい場合などは，1 人の学生が一つの線グラフに対応するように描画することで比較が容易となる．ただしこのような場合には，レーダーチャートを用いることも多い．

　帯グラフも，各データが複数の値から構成される場合に用いられる可視化であるが，各データにおける値の総和が一定になる場合に用いられる．これは，各家庭の支出の内訳などのように，総和が 100% となる場合であるため，比率を可視化していることになる．

　最後に，分布図系のグラフはオーバービューの可視化に用いられる点で，ほかの統計グラフとは性質が異なっているといえる．オーバービューの可視化という観点では以降で紹介する多次元データの可視化やネットワーク構造の可視化と関連するが，とくに n 数要約系は代表値やばらつきなど，統計的指標の観点から定

量的に把握したい場合に用いられる．

2.4 ❖ 多次元データの可視化

2.4.1 • 多次元データ可視化手法の分類

可視化の対象となるオブジェクトには，複数の数値属性から構成されるものも多い．たとえば大学をオブジェクトとすると，学生数，職員数，教員数，学部数などが数値属性として考えられる．また，自動車であれば燃費 (km/L)，加速度（停止状態から 100 km/h に達するまでの時間），排気量 (L, cc)，重量 (kg)，馬力 (ps, hp) などが挙げられる．また，1 週間（7 日）分のデータから構成される時系列データも，7 属性から構成されるオブジェクトとして扱われることがある．このようなオブジェクト間の関係や，属性間の関係を視覚的に提示する手法は，多次元（多変量，多属性）データの可視化とよばれる．

多次元データの可視化には，以下のアプローチが考えられる．

- 多数の視覚変数を同時に利用可能な可視化手法を採用する．
- 数値軸から構成される可視化手法を採用する．

第 1 章で述べたとおり，可視化の一般的なアプローチでは，データオブジェクトの各属性を視覚変数に対応付ける．したがって，多属性のデータを可視化しようとする場合には，多数の視覚変数をもつ可視化手法を利用する必要がある．第 1 章で紹介したチャーノフの顔グラフなど，アイコン (icon) あるいは絵文字 (glyph) などとよばれる一つの視覚表現にデータオブジェクトを割り当てて可視化する手法がこのアプローチに該当し，図像的可視化 (iconographic visualization) とよばれる．また，一つの属性を画素（ピクセル）に割り当てることで可視化する手法もあり，ピクセルベースの可視化とよばれる．前者のアプローチは表情など人間が知覚しやすい対象をメタファとすることで，データオブジェクトの特性などを把握しやすくなる効果がある．反面，異なる視覚変数の組合せにより可視化するため，どの視覚変数に割り当てられるかによって，同じ属性でも知覚に与える影響が異なるといった問題がある．それに対し，後者のアプローチでは均一であるといった利点がある．ピクセルベースの可視化手法については 2.4.2 項で紹介する．

数値属性の大小を比較する場合には，数値軸を利用するのが一般的であり，ま

たわかりやすいといえる．したがって，各属性を数値軸に割り当てて可視化するアプローチも代表的である．問題は，一般に用いられる直交座標系では最大でも3次元までしか描画できない点にある．この問題への対処法としては以下が考えられる．

（1）　視覚変数に割り当てる属性を取捨選択する．
（2）　多次元データを低次元空間に写像する．
（3）　直交座標系を利用しない．

（1）は，同時に全属性を可視化することをあきらめ，2, 3の属性を選択してそれのみを可視化するアプローチである．2.3.5項で示した散布図行列などがこのアプローチに該当する．

（2）は幾何学的アプローチともよばれ，次元縮退により元データの次元を可視化可能な次元まで削減する．詳細は多変量解析などに関する専門書にゆずるが，2.4.3項では，代表的手法について，データオブジェクトの分布を可視化する観点から簡単に紹介する．また関連するアプローチとして，データオブジェクトをベクトルとみなし，オブジェクト間の距離あるいは類似度を求めることで，2.6節で紹介する力学的モデルを適用し，可視化することも可能である．

（3）に関して，直交座標系は，空間を構成する各軸がたがいに直交するという条件があるために，最大3次元までの可視化となる．この直交に関する制約を外すことで，より多数の数値軸を同時に可視化することが可能となる．2.3.6項のレーダーチャートもこの方法に該当するとみなすこともできるが，代表的な可視化手法としては，2.4.4項で紹介する平行座標が挙げられる．

2.4.2 ・ ピクセルベースの可視化

　ピクセルベースの可視化手法とは基本的に，データオブジェクトのもつ一つの属性値をピクセルに割り当て，その値を色で表現するアプローチである[16]．複数の属性がある場合は，ウィンドウを属性と同じ数に分割し，各領域（サブウィンドウ）に属性を割り当ててそれぞれ描画する．また，オブジェクトごとにサブウィンドウを割り当てるアプローチもある．**Intelligent Icon**[18]は，各ファイルを一つのアイコンで表現するために，ピクセルベースの可視化を採用し，アイコンを構成する各ピクセルにファイルの属性を割り当てる．したがって，このアプローチは図像的可視化ともみなせる．

ピクセルベースの可視化がもつ利点は，可視化スペースを効率的に利用可能な点にある．描画領域において，原則としてすべてのピクセルに対し属性を割り当てるため，無駄なスペースが発生しないことになる．散布図やネットワーク，木構造（後述するノード・リンクダイアグラム）などほかの可視化手法では，描画に利用されない余白部分が発生するのが通常であるため，これはピクセルベース特有の特徴といえる．

ピクセルベースの可視化を利用する場合には，以下について検討する必要がある．

- 各サブウィンドウ内でデータの配置をどう決定するか
- 属性値と色の割当てをどうするか
- サブウィンドウの形状をどうするか

このうち，属性値と色の関係については 1.5 節を参照されたい．以下ではもっとも重要な課題といえる，データの配置方法について説明する．

ある属性について，n 個のデータオブジェクトについてのデータを可視化する場合を考える．ここで，データには順序があり，近いものほど関連があるとする．すなわち，1 次元に整列されたデータを平面に写像することで可視化するが，このとき 1 次元での順序関係がなるべく保存されるような写像を考える．これは，ウィンドウサイズを $w \times h$ とすると，以下の目的関数を最小化する写像 $f(i)$ を求める最適化問題とみなせる．

$$\sum_{i=1}^{n}\sum_{j=1}^{n}\left|d(f(i),f(j)) - d\left((0,0),\left(w\sqrt{\frac{|i-j|}{n}},h\sqrt{\frac{|i-j|}{n}}\right)\right)\right| \quad (2.10)$$

ここで，第 1 項は平面に写像後のデータ i, j 間のユークリッド距離である．第 2 項のユークリッド距離は，写像前の 1 次元データ列上でデータ間距離が最小あるいは最大のときに，写像後の平面上での距離も最小あるいは最大とするためのものであり，1 次元上でのデータ間距離に比例して大きな値をとる．

空間を埋めつくすことのできる 1 本の曲線を，**空間充填曲線**(space-filling curve) とよぶ．データ列のピクセルへの割当てに利用した場合，式 (2.10) の関数に関して良好な性質をもつ空間充填曲線の代表的なものとして，**ヒルベルト曲線**（Hilbert curve, Peano–Hilbert curve とよばれることもある）が知られている[16]．図 2.14 にヒルベルト曲線を示す．ヒルベルト曲線は再帰的に定義され，図に示すとおり，データ点数が変化しても，ウィンドウサイズを変えることなく描画可能である．

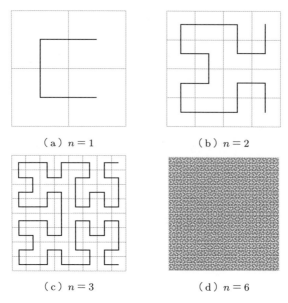

(a) $n=1$ (b) $n=2$ (c) $n=3$ (d) $n=6$

図 2.14　ヒルベルト曲線

アルゴリズム 2.1 に，ヒルベルト曲線の描画アルゴリズムを示す．3 行目で描画を行う関数を実行すると，その中で関数が再帰的に呼び出され，描画が行われる．ここで，座標は描画領域の左上角を $(0,0)$ としている．描画は 4 パターンの組合せで行われ，それぞれ関数 HilbertA, HilbertB, HilbertC, HilbertD となる．各関数の動作は同様であるため，アルゴリズム 2.1 では HilbertA のみ記している．HilbertA は図 2.15（a）のパターンに従い再帰的に描画する．まず，領域を 4 分割し，右上の領域を HilbertD により描画した後，左の領域に移動し HilbertA を呼び出す．その後下の領域に移動して HilbertA を呼び出し，最後に右の領域に移動して HilbertB を呼び出す．関数 Move はペンの移動を意味し，与えられた引数に基づき現在位置を更新するとともに直線を描く．なお，HilbertB の場合は左下の領域から出発し，左上，右上，右下と移動しながらパターン C, B, B, A を再帰的に描画する．HilbertC, HilbertD も同様に，図 2.15 のパターンに従った描画を行う．図 2.14（a）～（d）は，このアルゴリズムのレベル (n) としてそれぞれ 1, 2, 3, 6 を指定した場合の描画例である．

アルゴリズム 2.1　ヒルベルト曲線の描画アルゴリズム

```
1.   L: side length of drawing area, n: level of Hilbert Curve;
2.   dl = L / 2^n,  x = L - dl / 2,  y = dl / 2;
3.   HilbertA(n);
4.
5.   function HilbertA(lv){
6.     if(lv > 0){
7.       HilbertD(lv - 1);
8.       Move(-dl,0);
9.       HilbertA(lv - 1);
10.      Move(0,dl);
11.      HilbertA(lv - 1);
12.      Move(dl,0);
13.      HilbertB(lv - 1);
14.    }
15.  }
16.  function Move(dx,dy){
17.    ox = x,  oy = y;
18.    x = x + dx,  y = y + dy;
19.    drawLine((ox,oy),(x,y));
20.  }
```

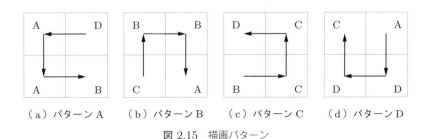

（a）パターン A　　（b）パターン B　　（c）パターン C　　（d）パターン D

図 2.15　描画パターン

　なお，対象とするデータが構造をもっている場合は，データ由来の構造を利用してピクセルの配置を決めることも可能である．たとえば，ライフログなどの時系列データでは，周期性を利用してウィンドウの幅を 24 時間，あるいは 7 日に設定して可視化することができる．

2.4.3・幾何学的アプローチ

　幾何学的アプローチでは，本来多次元空間で表現されているデータを低次元空間に写像し，写像後の座標を用いて平面，あるいは 3 次元空間にデータの分布を

可視化する．低次元空間に写像する手法の代表的なものには以下が挙げられる．

- 主成分分析 (principal component analysis, PCA)
- 因子分析 (factor analysis, FA)
- 多次元尺度構成法 (multi-dimensional scaling, MDS)

主成分分析では，元の空間よりもデータが区別しやすい低次元空間を求める．いいかえると，分散が最大となるような新たな軸を求める．これは，以下の分散・共分散行列 S の固有値 λ および固有ベクトル x を求める問題に帰着する．

$$Sx = \lambda x \tag{2.11}$$

$$S = \begin{pmatrix} s_{11} & \cdots & s_{1m} \\ \vdots & \ddots & \vdots \\ s_{m1} & \cdots & s_{mm} \end{pmatrix} \tag{2.12}$$

$$s_{ij} = \frac{1}{n}\sum_{k=1}^{n}(v_{ki}-\mu_i)(v_{kj}-\mu_j) \tag{2.13}$$

ここで，データオブジェクト o_k は n 次元ベクトルで表され，μ_i は属性 o_i の平均値とする．主成分分析では，固有値の大きいほうから順に選択し，写像に利用する．固有値 λ_i に対応する軸に写像した o_k の値 v'_{ki} は，以下のように，対応する固有ベクトル x_i との内積で求められる．

$$v'_{ki} = \sum_{l=1}^{m} x_{il} v_{kl} \tag{2.14}$$

固有ベクトルの要素は，その成分（軸）に対する元の属性の関係の強さを表しており，これらから主成分の意味を解釈し，ラベル付けなどを行う．

因子分析も，データの分布を説明するより少数の因子を求め，データを写像する手法であり，以下の式で表される．

$$X = FA^t + E \tag{2.15}$$

ここで，X はデータオブジェクト（要素数 n）を行，属性（要素数 m）を列にとった $n \times m$ 行列，F は各データオブジェクトと因子との関係を意味する因子得点の行列であり，因子（要素数 l）を列にとった $n \times l$ 行列となる．A は元の属性と因子の関係（因子負荷量）を表す $m \times l$ 行列，E は因子によらない部分（独自部

分)を表す $n \times m$ 行列，t は行列の転置を表す．この式より，各データオブジェクトの属性値は，少数の共通因子により説明される部分と，因子によらない独自部分から構成される．データオブジェクトの分布を可視化する場合には，行列 $\boldsymbol{F}$ に基づき各因子を軸とする空間にデータをプロットする．因子数は分析者が指定するが，主成分分析などを利用して決定することが一般的に行われる．

多次元尺度構成法は，データオブジェクト間の非類似度を要素としてもつ行列が与えられた場合に，類似オブジェクトを近くに，類似しないものを遠くに配置するようなユークリッド空間上の各オブジェクトの座標を求める手法である．データオブジェクト間の距離を対象とした手法は計量 MDS (metric MDS)，それ以外の場合に適用される手法は非計量 MDS (non-metric MDS) とよばれる．計量 MDS の代表的な手法に主座標分析 (principal coordinate analysis)，非計量 MDS の代表的手法にクラスカル (Kruskal) の手法などがある．

2.4.4 • 平行座標

2.4.1 項で述べたとおり，直交座標系では 3 次元までしか描画できない．これは，軸がたがいに直交してなくてはならない制約がある．したがって，この制約を外すことで，より高次元の座標系を構築し，描画することが考えられる．レーダーチャートは，軸を円形に配置することで制約を外しているとみることもできる．関連するアプローチとして有名なものに**平行座標 (parallel coordinates)**がある[19]．

平行座標では，属性に対応した軸を平行に配置する．属性数だけ軸があり，一つの折れ線が一つのデータオブジェクトに対応する．平行座標に対する操作の基本は，2.8 節に後述するブラッシングである．これは，各軸について数値の範囲を指定し，その範囲内を通るデータのみを表示（あるいは強調表示）する操作であり，データのフィルタリングに相当する．目的変数に対応する軸にこの操作を適用して，この変数に影響を与える説明変数を発見するなどの分析が可能である．

データ分析における平行座標の重要な性質として，属性間にある種の関係が存在するとき，特有の視覚的特徴をもつことが挙げられる．たとえば，二つの属性が線形の関係にあるとき，平行座標上ではそれに対応した特徴的な点が出現する．表 2.3 の例では，属性 a_2 と a_3 の間に $a_3 = 1.1 a_2$ の関係がある．このデータを平行座標で可視化した図 2.16 では，a_2, a_3 の間の直線はほぼ平行にも見えるが，実際には左側に直線を延長していくと遠方に交わる点が存在する．また，直線の傾

表 2.3 サンプルデータ

データオブジェクト	属性 a_1	a_2	a_3	a_4
o_1	1.0	3.0	3.3	2.0
o_2	2.0	1.0	1.1	1.0
o_3	-1.0	7.0	7.7	7.0
o_4	-2.0	9.0	9.9	8.0
o_5	0	5.0	5.5	6.0

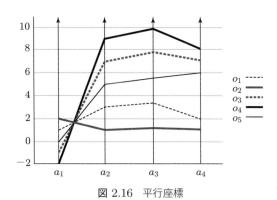

図 2.16 平行座標

きが負,すなわち一方が増えると他方が減る関係にある場合は,軸間にそのような交わる点が存在する.表 2.3 の例では,属性 a_1 と a_2 の間に $a_2 = -2a_1 + 5$ の関係がある.図 2.16 を見ると,属性 a_1 と a_2 にそれぞれ対応する軸の間に,五つの直線が通る点が存在することがわかる.

平行座標の課題として考えられるのは,属性を並べる順序に影響を受けやすい点と,読取りに慣れが必要と考えられる点である.前者に関して,図 2.16 の属性順序を変更し,a_4 を a_1 の右に配置して描画した例を図 2.17 に示す.図からわかるように,属性 a_1, a_2 間の比例関係が読み取りづらくなっている.この問題に対しては,属性を軸に割り当てる際に,傾向の読取りがしやすくなるような割当てを検討するほか,分析者がインタラクティブに割当てを変更できるようにするなどの対策が考えられる.

後者は,直交座標ほど皆が慣れ親しんだものでないことと,前述のように属性間の関係読取りに知識が必要であることなどを意味する.しかし,平行座標の利用経験がないユーザが平行座標を用いてデータ分析タスクを行う際の注視位置を視線追跡装置を用いて分析した結果より,タスク遂行のために確認すべき領域に

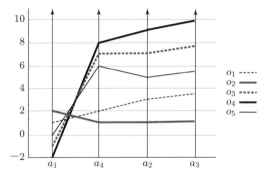
図 2.17 属性の順序を入れ替えて描画した例

正しく着目していることを示す実験結果が得られている[20].

2.4.5 • 多次元データの可視化手法の選択

多次元データの可視化としてどの手法を採用すべきかは一概に決められないが，一つの考え方として，元データのもつ属性空間のままでデータを眺めたいか否かに基づき決定することが考えられる．幾何学的アプローチで紹介した，低次元空間に写像する方法では，描画に用いられる各次元は元データの属性に直接対応しない．むしろ，写像後の空間がもつ各軸の意味を，元の属性との対応関係に基づき解釈することでデータの理解を深めていく，というのがこのアプローチを採用した場合の戦略となる．一方，元データのもつ各属性の値を確認しながらデータを眺めたい場合には，ピクセルベースの可視化や平行座標が選択肢となる．ただし，ピクセルベースの可視化方法は，オーバービューの把握や，二つのデータが同様の値をもっているか否かを確認するなど，眺めることを目的とした用途が一般的であるのに対し，平行座標の場合には各属性でとりうる値の範囲を指定してデータをフィルタリングするなどといった，インタラクティブな操作に基づく分析を目的として用いられることが多いといえる．

2.5 ❖ 木構造の可視化

2.5.1 • ノード・リンクダイアグラム

木構造は，オブジェクト間の上下関係などを表現したものである．図 2.18 に木構造の例を示す．木構造の一番上位に位置するノードはルート，反対に下位の末

端に位置するノードはリーフとよばれる．また，リーフ以外のノードを内部ノードとよぶ．図ではAがルート，C, D, G, H, Iがリーフ，A, B, E, Fが内部ノードとなる．なお，図のように縦方向に描画する場合だけでなく，横方向に描画する場合などもあるが，構造上の上位と下位は必ず存在する．

エッジ（リンクともよばれる）でつながれた二つのノードにおいて，上位にくるノードを親ノード，下位にくるノードを子ノードとよぶ．また，親ノードを含め自分より上位にあるノードを先祖ノード，反対に自分より下位にあるノードを子孫ノードとよぶ．図 2.18 において，E の親ノードは B，先祖ノードは A, B，子ノードは F, G, H，子孫ノードは F, G, H, I となる．F, G, H のように，同じ親を共有するノードは，兄弟関係にあるという．木構造の場合，原則として複数の親ノードをもつことはできず，また図 2.18 の破線のようなループを構成するエッジをもつことも原則として許されない．

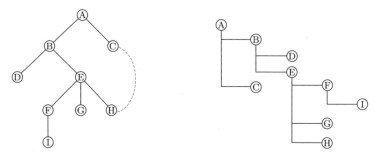

図 2.18　木構造の例（ノード・リンクダイアグラム）　　図 2.19　フォルダ階層の可視化

図 2.18 の構造は，木構造の可視化手法としてもっとも一般的に用いられている．この可視化手法を**ノード・リンクダイアグラム (node-link diagram, NLD)**とよぶ．同種に分類される可視化手法としては，PC などの階層的なフォルダ構造を扱う場合に用いられる図 2.19 のような形式や，接続関係は NLD と同様のまま，空間充填的に描画する図 2.20(a) のような形式もある．なお，この形式にはルートを中心に置き，階層を外周に展開していく円形で描画する場合（図 (b)）なども存在する．

ノード・リンクダイアグラム系の可視化は，2 次元だけでなく 3 次元的に描画されることもあり，**コーンツリー**や**ディスクツリー**などとよばれる．図 2.21 に，2 階層分の基本的な構造について示す．各階層は円錐として表現され，同一階層のノード（兄弟ノード）は同じ底円の円周上に配置する．また，円錐の頂点 (apex) と底

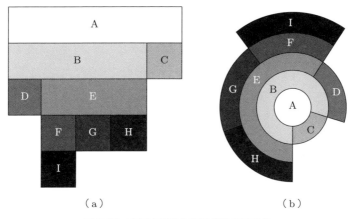

図 2.20 空間充填的な階層構造の可視化

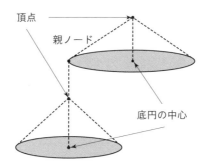

図 2.21 3次元空間での木構造の可視化

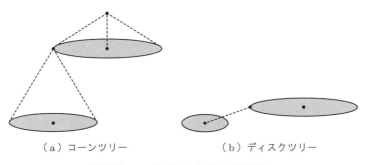

図 2.22 コーンツリーとディスクツリー

円の中心 (center point) により形状が制御される．一般的なコーンツリーの場合，1階層下の円錐の頂点と親ノードの位置を一致させて描画する（図 2.22 (a)）．また，円錐の頂点と底円の中心を一致させて描画した場合はディスクツリーとよば

れる(図(b)).

　木構造を3次元空間で描画することの利点は,奥行きが利用できる点にある.た
とえば,可視化システム上で円錐を回転可能にすることで,関心のあるノードを
正面に移動させ,その他の兄弟ノードは背景に移動させることができる.これは,
オーバービュー(コンテクスト)と詳細(フォーカス)の両方を提供するフォー
カス＋コンテクストビューを実現していることになる.

2.5.2 ・ツリーマップ

　2.5.1項で,空間充填的に階層構造を描画する手法について紹介した(図2.20).
ピクセルベースの可視化と同様,空間充填のアプローチは無駄な余白を生じない
点で描画領域を有効活用する手法といえるが,上位階層はノードサイズが大きく,
下位になるほどノードサイズが小さくなるため,階層による格差が大きい点では
スペースに無駄遣いがあるといえる.とくに階層が深くなると,この格差は大き
くなる.

　この問題を解決し,描画領域をより効率的に利用するアプローチとして,入れ
子状に階層構造を描画することが考えられる.このような可視化手法の代表的な
ものに,**ツリーマップ (tree map)** がある.

　ツリーマップでは,子ノードは親ノードの描画領域内を分割して描画される.図
2.23に,階層構造(ノード・リンクダイアグラム)(図(a))とそれをツリーマッ
プで描画した例(図(b))を示す.図(a)の各ノードについて,括弧内に示した
値はノードサイズを表す.図(b)において,描画領域全体の正方形がルートに対
応し,その領域を子ノードA,Bのサイズに応じて分割している.さらに,ノード

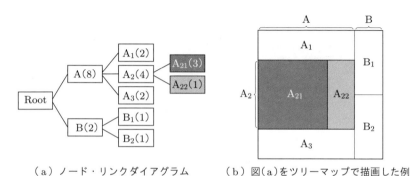

(a) ノード・リンクダイアグラム　　(b) 図(a)をツリーマップで描画した例

図2.23　ツリーマップの描画例

Aは子ノードA_1, A_2, A_3をもち，そのサイズが$1:2:1$であるため，Aの描画領域はA_1, A_2, A_3の3領域に分割されている．ここで，1階層目（AとB）の領域は水平方向に分割して求めているのに対し，Aの子ノードに対応する領域は垂直方向に分割して求めていることに注意されたい．これは，たとえば両階層とも水平方向に分割してしまうと，階層の違いがわかりにくくなるためである．すなわち，A_1, A_2, A_3, Bが兄弟関係にあるとミスリードしてしまうおそれがあるため，分割方向を変えている．このように，分割（スライス）と分割方向の変更（ダイス：さいころの回転のイメージで考えるとわかりやすい）を繰り返しながら領域を分割して階層構造を描画するため，この可視化手法を**スライス&ダイス (slice & dice)** とよぶ．

ツリーマップは，ノード・リンクダイアグラムと比較して描画領域を有効活用できるため，大規模，階層の深い木構造の描画にも適している．一方，親子関係や兄弟関係といったノード間の関係は，ノード・リンクダイアグラムのほうがわかりやすい．ツリーマップが適しているのは，たとえばディスクスペースの中でどのフォルダが容量を消費しているかを把握したい場合などである．すなわち，ノードサイズに関連したオーバービューを把握するのに適している．

スライス&ダイスを利用したツリーマップの描画アルゴリズムをアルゴリズム2.2に示す．各クラスタはサイズ（*size*）および描画色（*color*）を要素にもつ．サイズは一般に，自身より下の階層に含まれるオブジェクトの数や要素などにより決定する場合が多い．また，リーフノード以外は子ノードのリスト（*children*）も保持する．関数`doRender()`は第1引数で与えられるクラスタに対応した矩形領域を描画する関数であり，クラスタがリーフノードである場合は関数`draw_rect()`を呼び出し，左上の座標が(x, y)，幅w，高さhの矩形をクラスタに割り当てられた色で描画する．リーフノードでない場合は，`draw_border()`によって矩形枠だけをそのクラスタに割り当てられた色で描画し，内部の描画は`doRender()`を再帰的に呼び出すことにより行う．

アルゴリズム 2.2 ツリーマップの描画アルゴリズム（スライス&ダイス）

```
1:  r = root cluster
2:  doRender(r,0,0,W,H,horizontal);
3:
4:  function doRender(c,x,y,w,h,direction)
5:  {
6:    if (c is leaf) {
```

```
 7:       draw_rect(x,y,w,h,c.color);
 8:     } else {
 9:       draw_border(x,y,w,h,c.color);
10:     if (direction == horizontal) { // divide region horizontally
11:       tx = x;
12:       for (tc in c.children) {
13:         dw = w * tc.size / c.size;
14:         doRender(tc,tx,y,dw,h,vertical);
15:         tx += dw;
16:       }
17:     } else { // divide region vertically
18:       ty = y;
19:       for (tc in c.children) {
20:         dh = h * tc.size / c.size;
21:         doRender(tc,x,ty,w,dh,horizontal);
22:         ty += dh;
23:       }
24:     }
25:   }
26: }
```

doRender() の引数 *direction* は領域の分割方向を指示する．水平に分割する場合 (*horizontal*) は，子ノードのサイズに応じて横方向を分割し，分割方向として *vertical* を指定して doRender() を再帰的に呼び出す．垂直に分割する場合 (*vertical*) は，子ノードのサイズに応じて縦方向を分割し，分割方向として *horizontal* を指定し doRender() を再帰的に呼び出す．

ツリーマップの描画は，親ノードの描画領域を子ノードで分割する処理を再帰的に呼び出すことで行われる．描画領域を分割・配置する方法は**タイリングアルゴリズム**とよばれ，スライス&ダイス以外の方法も提案されている．代表的なものを以下に紹介する．

兄弟ノードが多数存在する場合にスライス&ダイスを適用すると，細長い領域が生成されてしまう．そのようなアスペクト比（縦横比）が大きい領域は，大きさが読み取りづらいなど，視認性の点で問題があるといわれている．この問題に対し，**正方形化 (squarified)** アルゴリズムは，アスペクト比がなるべく 1 に近づくように領域の分割・配置を行う [21]．アルゴリズム 2.3 にアルゴリズムを示す．分割・配置を行う関数 squarify() は，引数として配置するノードのリスト *children*，一時的に割当てを行ったノードのリスト *rlist*，描画領域の短いほうの

辺の長さ w を受け取る．ここで，ノードリストの先頭要素は $head$，先頭を除いた残りの集合は $tail$ で取り出される．関数 worstAspect() は $list$ 内の要素がとるアスペクト比の最大値を返し，この値が増加しないかぎり $rlist$ に $children$ 内の要素を追加していく．この処理は squarify() を再帰的に呼び出すことにより実行する（5行目）．また，worstAspect() 内の totalArea() は $list$ 内の要素の面積（描画領域）の総和を返す．

アルゴリズム 2.3 　正方形化アルゴリズム

```
 1: function squarify(children,rlist,w)
 2: {
 3:   r = children.head;
 4:   if(worstAspect(rlist,w) ≥ worstAspect(rlist.add(r),w)) {
 5:     squarify(children.tail,rlist,w);
 6:   } else {
 7:     doLayout(R,rlist.rmv(r));
 8:     squarify(children,[],remnainRegion().width);
 9:   }
10: }
11:
12: function worstAspect(list,w)
13: {
14:   v = 0;
15:   s = totalArea(list);
16:   for (x in list){
17:     r = x.size;
18:     v = max(v,max(w²r / s²,s² / (w²r)));
19:   }
20:   return v;
21: }
```

アスペクト比の最大値が増加した場合は，それまでに行った領域の分割・割当て結果 ($rlist$) を doLayout() を呼び出すことにより固定する（7行目）．ここで，R は描画領域全体を表す．その後，ダイスに相当する操作を行った後，$children$ 内の残りの要素について squarify() を呼び出し，領域の分割・配置を行う（8行目）．関数 remnainRegion() は描画領域内の余白であり，短いほうの辺の長さを $width$ により取り出す．

サイズが順に $1, 4, 1, 2, 2$ の五つのノードに対し，正方形化アルゴリズムを用い

てツリーマップを描画した例を図 2.24 に示す．この例では，描画領域のサイズが縦 4，横 5 の 20 であるため，各ノードに割り当てられる領域の面積は上記サイズの 2 倍となる．縦のほうが横より短いため，領域を垂直方向に分割しながらノードの割当てを開始する．領域の横幅はノードの面積に従って調整される．最初のノードに割り当てられるべき面積は 2 であるため，幅 1/2 の縦長の領域が割り当てられる．この時点でのアスペクト比は 8 となる．

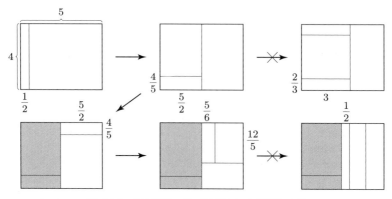

図 2.24　正方形化アルゴリズムによる配置の例

つぎに，この縦長の領域を垂直方向に分割して 2 番目のノードを割り当てる．1, 2 番目のノードに割り当てられるべき面積の和は 10 であるため，横幅は 5/2 となり，各ノードの高さはそれぞれ 4/5, 16/5 となる．アスペクト比はそれぞれ 3.13, 1.28 となるため，最悪値は 3.13 であり減少している．

同様にして三つ目のノードを追加すると，幅は 3 に広がり，各ノードの高さはそれぞれ 2/3, 8/3, 2/3 となる．アスペクト比の最悪値は 1, 3 番目のノードに割り当てられた領域の 4.5 となり，増加するためこの割当ては行わない．したがって，7 行目の処理に移り，1, 2 番目の領域は固定し（図中灰色で表現），右側の余白領域に 3 番目のノードから割当てを行う．余白の横幅 (5/2) のほうが縦 (4) より小さいため，今度は水平方向に分割しながら割当てを行う．3 番目のノードの面積は 2，横幅は 5/2 のため縦の長さは 4/5 に調整される．さらに 4 番目のノードを追加すると縦の長さは 12/5 に調整され，アスペクト比の最悪値は 3 番目のノードの 2.88 となる．さらに最後の五つ目のノードを同様に追加すると，3 番目のノードのアスペクト比が 8 となり増加するためこの割当ては行わず，最後のノードは右下の余白に割り当てられ，割当て・配置が確定する．

なお，ノードはサイズの降順にソートしてから描画したほうが，一般にアスペ

クト比が良くなるとされている．

上記の正方形化アルゴリズムと同様の発想で，よりシンプルにしたものとして提案されているのが**ストリップ (strip)** アルゴリズムである[22]．正方形化アルゴリズムはスライス&ダイスと同等に垂直方向，水平方向の分割両方を行うのに対し，ストリップアルゴリズムでは水平方向への分割しか行わないが，帯状の構造を垂直方向に積み上げる．アルゴリズム 2.4 にストリップアルゴリズムを示す．領域の分割・配置を行う関数 strip() は描画対象の子ノードのリスト $children$ と一時的に割当てを行ったノードのリスト $clist$ を引数として受け取り，割当て済みのノードの平均アスペクト比が大きくならない限り水平方向に割当てを行う（5 行目）．ここで，$tail$ は先頭を除いたリストを返すメソッド，add は末尾に要素を追加するメソッドである．割当てにおいては，描画領域 R の幅は固定として，strip のノードに割り当てられた面積の総和に応じて縦方向の幅を調整する（16行目）．その後，strip の各ノードを面積に応じて水平方向に分割する．

割当てによりアスペクト比が悪化する場合には，doLayout() により strip の分割・配置は固定し（7 行目），下部にある余白に残りのノードを配置していく（8 行目）．

アルゴリズム 2.4　ストリップアルゴリズム

```
 1: function strip(children, clist)
 2: {
 3:   r = children.head;
 4:   if(avgAspect(clist) ≥ avgAspect(clist.add(r))){
 5:     strip(children.tail, clist);
 6:   } else {
 7:     doLayout(R, clist.rmv(r));
 8:     strip(children, []);
 9:   }
10: }
11:
12: function avgAspect(list)
13: {
14:   s = totalArea(list);
15:   w = R.width;
16:   h = s / w;
17:   v = 0;
18:   for (x in list){
19:     r = x.size;
```

```
20:         v += max(w²r / s² , s² / (w²r));
21:     }
22:     return v / list.size;
23: }
```

　図 2.24 と同じデータに対して，ストリップアルゴリズムによるツリーマップを描画した例を図 2.25 に示す．先頭のノードに割り当てられた面積は 2 であり，描画領域の幅は 5 であるため高さは 2/5 に調整され，アスペクト比は 12.5 となる．2 番目のノードの面積は 8 であり，両ノードの面積の総和は 10 となるため高さは 2 に調整される．アスペクト比はともに 2 となるため平均アスペクト比は 2 であり，減少する．

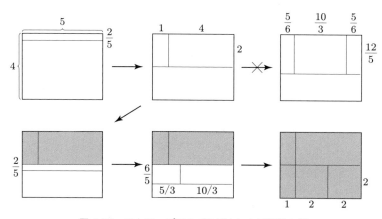

図 2.25　ストリップアルゴリズムによる配置の例

　三つ目のノード（面積 2）を割り当てると，3 ノードが割り当てられた領域の高さは 12/5 となり，平均アスペクト比は 2.38 と増加するためこの割当ては行われない．

　二つ目までのノードの領域を固定した後，下部の余白に三つ目のノードを割り当てる．このノードに割り当てられた面積は 2 であるため描画領域の高さは 2/5 に調整される．四つ目のノード（面積 4）を割り当てると高さは 6/5 に調整され，平均アスペクト比は 2.08 となる．さらに最後のノード（面積 4）を追加した場合，平均アスペクト比は 1.33 となるため，これが最終的な分割・配置結果となる．

　同じデータに対し，スライス，正方形化，ストリップアルゴリズムをそれぞれ適用した例を図 2.26 に示す．スライスと比較して，正方形化やストリップではアスペクト比が 1 に近い領域が多くなっていることがわかる．

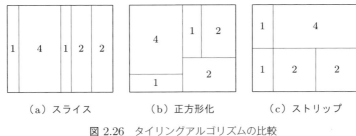

図 2.26　タイリングアルゴリズムの比較

各ノードに割り当てられる領域は矩形である必要はなく，ボロノイ図を導入したボロノイツリーマップ[23]や，空間充填曲線を利用するjigsaw map[24]などが提案されている．

タイリングアルゴリズムが満たすべき条件として，一般に以下が指摘されている[22,25]．

（1）アスペクト比：各ノードに対応した領域は正方形に近いほど望ましい．
（2）順序保存性：ノードの順序関係が維持されている．
（3）動的変動性：ノードサイズが動的に変化した場合に分割・配置が保持される．

上記条件に関して各タイリングアルゴリズムを比較した結果を表 2.4 に示す．（1）に関してはこれまで述べてきたとおり，スライスがもっともアスペクト比が悪く，正方形化がもっとも優れている．（2）に関しては，スライスはノードが順序どおり並ぶため順序関係は保存されている．ストリップも次の段に移動する場合はあるものの，それ以外は順序関係は保存されている．一方，正方形化ではダイスに相当する操作をともなうため，順序関係はわかりにくくなる．最後に（3）については，スライスは各ノードに割り当てられた領域の幅あるいは高さが変化するだけであり，配置の変動は少ない．これに対し正方形化やストリップでは，アスペクト比の最大値あるいは平均値による条件分岐をアルゴリズムに含むため，ノードサイズの変更によっては現在の割当てのままとするか，余白に新たに割り当てるかが変化するため，変化は大きい．とくにダイスに相当する操作をともなう正方形化の場合により深刻といえる．

表 2.4　タイリングアルゴリズムの比較

アルゴリズム	アスペクト比	順序保存性	動的変動性
スライス	×	○	○
正方形化	○	×	×
ストリップ	△	△	△

2.6 ❖ ネットワークの可視化

2.6.1・ネットワーク描画の条件

ネットワーク，あるいは**グラフ**とは，オブジェクト間が何らかの関係性を表すリンクで接続されたデータ構造のことである．オブジェクトはノード，接点，頂点などとよばれ，リンクは枝やエッジなどともよばれる．

ネットワークは広く一般的に見られる構造である．たとえば，人間関係や遺伝子ネットワーク，webページやwebサイトのリンク関係などがネットワークとして表現される．このような構造は，各オブジェクトが多次元データとして与えられ，オブジェクト間のリンクを対応する2点間の距離を計算することで求める場合もあるが，オブジェクト間の関係の強さが個別に与えられる場合もある．後者の場合でも，あるオブジェクトはほかのオブジェクトそれぞれとの関係の強さで表現されると考えれば，ネットワーク構造は多次元空間で表現されるといえる．したがって，2.4節の多次元データの可視化と同様，本質的に多次元空間で表現されるオブジェクト間の関係を，2,3次元空間にいかに写像して描画するかが課題となる．

多次元データの可視化とネットワークの可視化の大きな違いは，リンクの描画である．ネットワーク構造の描画にあたっては，以下の条件を満たすことが一般に要求される．

（1）　オブジェクト間の関係が正しく表現されていること
（2）　リンクが交差して描画されないこと
（3）　ネットワーク構造が把握しやすいこと
（4）　オブジェクトどうしが密集しすぎないこと

なお，これらの条件は必ずしもすべて要求されるわけではなく，対象データや可視化/分析の目的によって異なるものが要求される．(1)は，関係性の強いオブジェクトほど近くに配置され，類似データからなるグループやコミュニティと

いった構造が読み取れることを意味する．これは，多次元データの可視化の場合と同様といえる．

これに対し（2），（3）はリンクの描画に関するものであり，構造の見やすさに関する条件である．条件（2）に関連して，同じネットワークを描画した場合に，リンクの交差が発生していない例と，している例を図 2.27（a），（b）にそれぞれ示す．明らかに交差がないほうがネットワーク構造が読み取りやすく，また描画の美しさの観点でも好ましいといえる．しかし，リンク数が多くなると，交差しないように描画することは不可能な場合もある．そのような場合には交差数をなるべく少なくすることが制約として課される．

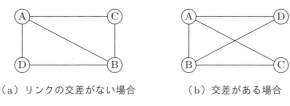

（a）リンクの交差がない場合　　　（b）交差がある場合

図 2.27　ネットワーク構造の描画例

条件（3）は，スター構造（図 2.28（a））やサイクル構造（図（b））などの特徴的な構造が読み取りやすく描画されることを要求するものである．可視化の目的によっては，ノード間の距離関係はあまり重要ではなく，ノード間の接続関係に関心がある場合があり，そのような場合には条件（2），（3）が重視される．

ノードにテキストでラベルを付与する場合などは，ノードが密集して描画されるとラベルの可読性が低下してしまう．また，ラベルが付与されない場合でも，ノード間の距離が近いとリンク関係が読み取りづらくなる．したがって，オブジェクト（ノード）どうしをある程度離して描画する，という条件（4）が指定される

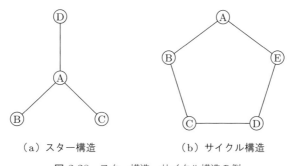

（a）スター構造　　　　　（b）サイクル構造

図 2.28　スター構造，サイクル構造の例

ことが多い．

2.6.2 • ばねモデルを用いたネットワークの可視化

　前述のような多様な条件を考慮してネットワークを描画する手法として，静的にレイアウトを決定する手法も存在するが，力学的モデルを用いてノード位置を逐次計算し，描画する手法が現在主流となっている．この手法は，多数のノード，リンクを含むネットワークにも適用できるほか，ノード位置が動的に決定される利点を生かしたインタラクティブな可視化が可能である，といった利点があるために広く用いられている．

　力学的モデルを用いた可視化では，レイアウトに関する条件をノードに作用する力として表現する．単純な手法の一つとして，**ばねモデル**による可視化手法を説明する．以下，グラフを $G = (V, E), V = (v)$ をノード集合，$E = \{e_{ij} = (v_i, v_j) | v_i, v_j \in V\}$ をリンク集合とする．リンクに向きがある有向グラフ，向きのない無向グラフがあるが，ここでは無向グラフとする．ばねモデルでは，リンクをばねとみなし，ばねの自然長を，ノード間の関連の強さや描画したい距離として定める．ノード間の関係をすべて正しく描画できれば，ばねの長さは自然長に一致することになる．しかし，関連のあるノード間をばねで接続することにより得られる物体が3次元空間にある様子を想像すると，ノード数やリンク数が多くなれば，すべてのばねが自然長になる状態に収まることは困難となり，自然長より伸びた状態，縮んだ状態にあるばねが出てくることが想像できるであろう．また，ネットワークを平面で描画する場合には，その構造を机などに押し付けた状態を考えるとよい．この場合も，ばねに伸び縮みが発生することは明らかである．

　多次元データの可視化の場合と同様，そのデータを表現するために本来必要な次元よりも低次元で描画しようとする場合，関係性を完全に再現することは不可能である．したがって，描画の際には完全な状態との差がなるべく小さいようなノード配置を求める必要がある．このため，ばねモデルではネットワークがもつばねの弾性エネルギーが最小となるノード配置を求める．

　ネットワークがもつばねの弾性エネルギー EE は次式で表される．

$$EE = \sum_{e_{ij} \in E} \frac{1}{2} k_{ij} (d_{ij} - l_{ij})^2 \tag{2.16}$$

ここで，k_{ij} はばね定数，d_{ij}, l_{ij} はそれぞれリンク e_{ij} の実際の距離と自然長である．Kamada–Kawai モデル[26]では $1/l_{ij}^2$ をばね定数としている．このエネル

ギーが最小化されるようにノード v_i の位置を決めるには，ノードを現在位置から各ノードにはたらく力の方向へ動かしていけばよい．2次元空間での配置を考えると，ノード $v_i(x_i, y_i)$ の x，y 方向にはたらく力は，式 (2.16) を偏微分することにより，以下のように求められる．

$$\frac{\partial EE}{\partial x_i} = -\sum_{v_j \neq v_i} k_{ij} \frac{d_{ij} - l_{ij}}{d_{ij}} (x_i - x_j) \tag{2.17}$$

$$\frac{\partial EE}{\partial y_i} = -\sum_{v_j \neq v_i} k_{ij} \frac{d_{ij} - l_{ij}}{d_{ij}} (y_i - y_j) \tag{2.18}$$

ここで，リンクが存在しないノード間のばね定数は 0 としている．以上より，ノード v_i の座標を以下の式に従い反復的に修正することでノードを平面上に配置する．

$$x_i \leftarrow x_i + \alpha \frac{\partial EE}{\partial x_i} \tag{2.19}$$

$$y_i \leftarrow y_i + \alpha \frac{\partial EE}{\partial y_i} \tag{2.20}$$

α は 1 回あたりの移動量を調整するパラメータであり，大きくすると少ない反復計算でエネルギーが小さくなるが，振動する可能性もある．一方，小さくすると収束までに時間がかかることになる．反復計算の終了条件としては，式 (2.16) の値が一定値以下になること，あるいは計算回数に制限を設けるなどが一般的だが，インタラクティブなシステムの場合には定常的に計算し続ける場合もある．

2.6.3・より一般的な力学的モデルによる可視化

前項で紹介したばねモデルは，ノードの配置に関する制約を，ノードにはたらく弾性力として与えるものであった．これを一般化し，ノードに対し任意の力を与え，それに基づきノード位置を決定する描画方法が考えられるが，そのようなアプローチを，力学的モデルによる可視化とよぶ．たとえば，JavaScript ライブラリである D3.js における Force Layout では，ノード間距離のほかにノード間引力・反発力や重力，摩擦力を設定することができる．ノード間引力・反発力は分子間力をモデル化したものであり，リンクの有無によらず発生するが，ノード間の距離が近い場合に影響が強くなる．したがって，2.6.1 項で述べた条件（4）の反映に適している．

重力は，描画領域中のある位置に向かってはたらく相対的に弱い力である．描

画領域の中心に向かってはたらくように設定されることが多いが，Force Layout では任意の位置に設定可能である．また，複数の位置を指定し，ノードごとに別々の位置に向かう重力に従わせることも可能である．一般に，重力がノード配置に与える影響は小さいが，ある領域内にノードを留めたい場合に用いられる．

摩擦力は，ノードの移動方向と逆向きにはたらく力であり，これを設定することでノードの移動を収束させる効果がある．力学的にモデル化せず，単に速度の減衰係数として扱う場合もある．Force Layout で設定可能なパラメータも後者に相当する．

これらの力も含めて各ノードにはたらく合力を求め，それに基づきノード位置を更新していくことでネットワークを描画することが可能である．このようなアプローチは，式 (2.16) のような目的関数を定め，これを最小化するノード配置を求める最適化問題として定式化される．しかし，このような形で条件を反映させる方法は間接的であり，期待したとおりに条件が満たされない場合もある．そこで，より直接的に条件を反映させる方法として，制約を導入し，それを満たすようなノード位置を求めるアプローチが提案されている[27]．ドワイヤー (T. Dwyer) による描画手法の擬似コードをアルゴリズム 2.5 に示す．

アルゴリズム 2.5 制約を考慮した力学的レイアウトによるネットワーク描画アルゴリズム

```
 1: set V, E, ConstList; // List of constraints
 2: for (v_i in V) {
 3:   set v_i's initial position (x,y);
 4: }
 5: repeat {
 6:   for (v_i in V) {
 7:     compute -∇f(x,y);
 8:     compute α;
 9:     x_i ← x_i - α∇f(x,y);
10:     y_i ← y_i - α∇f(x,y);
11:   }
12:   for (in 1...m) {
13:     for (c(v_i,v_j) in ConstList) {
14:       compute r;
15:       modify positions of v_i, v_j based on r;
16:     }
17:   }
```

| 18: | } until convergence or minimum number of iterations |

　1行目はアルゴリズムの入力であり，ノード，リンクのほか，制約のリストを指定している．ドワイヤーのアルゴリズムでは，ノード間距離に関する条件はばねとして力学的にモデル化するのではなく，制約として扱う．したがって，制約は以下の式で表される．

$$
\begin{aligned}
|(\boldsymbol{v}_i - \boldsymbol{v}_j) \cdot \boldsymbol{p}| &= d, \\
|(\boldsymbol{v}_i - \boldsymbol{v}_j) \cdot \boldsymbol{p}| &\leq d, \\
|(\boldsymbol{v}_i - \boldsymbol{v}_j) \cdot \boldsymbol{p}| &\geq d
\end{aligned}
\tag{2.21}
$$

ここで，$\boldsymbol{v}_i$ はノードの位置ベクトルとし，$\boldsymbol{p}$ は制約の方向を与える単位ベクトルである．制約の方向を指定することで，水平・垂直方向に整列配置することなどが可能となる．

　2〜4行目はノードの初期配置であり，ランダムに与えたり，静的なレイアウト手法で求めた初期配置を利用する．6〜11行目は力学的モデルによるノード配置を行っている．目的関数となる位置エネルギー関数 f を定め，これが減少する方向に各ノードを移動させる．これは勾配 $\nabla f(x, y)$ を求めることで行われる．

　12〜17行目は与えられた制約を満たすようにノード位置の修正を行っている．各制約について独立にノード位置の修正を行うため，ある制約に従った修正により，ほかの制約が満たされなくなる場合も発生する．そこで，指定された回数 (m) だけこの処理を繰り返している．最後に，力学的モデルによるノード位置更新と，制約に基づくノード位置修正を1回のループとして，指定された終了条件を満たすまでこの処理を繰り返す．終了条件としては，ノードの移動距離が一定値以下になることを収束条件として指定する場合や，5〜18行目の処理の反復回数を指定する場合がある．

　制約を満たすようにノード位置を修正するため必要な移動量は，式 (2.21) を変形することで求められる．簡単な例として，制約が $|\boldsymbol{v}_i - \boldsymbol{v}_j| = d$ で与えられる場合，制約を満たすために必要な最小の移動を表すベクトル $\boldsymbol{r}$ は次式で与えられる．

$$
\boldsymbol{r} = \frac{(d - |\boldsymbol{v}_i - \boldsymbol{v}_j|)(\boldsymbol{v}_j - \boldsymbol{v}_i)}{2|\boldsymbol{v}_i - \boldsymbol{v}_j|}
\tag{2.22}
$$

ノード位置を修正する場合には，$\boldsymbol{r}$ だけでなく f の減少なども考慮して決定する．

　一方のノード位置を固定し，他方のノードのみを移動させて制約を満たす配置

を求めたい場合には，ノード v_i に対する重み w_i を導入して以下のように修正ベクトル r_i を求める．重み w_i を w_j よりも十分大きくすれば $r_i = 0$ となる．

$$r_i = \frac{w_j(d - |v_i - v_j|)(v_j - v_i)}{(w_i + w_j)|v_i - v_j|} \tag{2.23}$$

2.6.4 ・ 接続行列

接続行列は，行と列の両方にノードを配置し，接続関係を表現した行列である．ノード i と j の間にエッジがある場合，i 行 j 列のセルに着色するなどしてエッジがあることを表現する．無向グラフの場合，対角成分に対し対称的な行列となる．ネットワークが特徴的な（部分）構造をもつ場合，接続行列もそれに対応した特有の構造をとる．図2.29に，スター構造および完全グラフの構造をもつネットワークを，ノード・リンクダイアグラムおよび接続行列で描画した例を示す．図(a)は，ノードAを中心として，ほかの多数（例では2ノード）のノードとエッジで接続されるスター構造の例であり，Aに対応した行・列が着色される．このように，行・列方向に着色セルが連続する場合，対応するノードを中心としたスター構造が存在することを読み取ることができる．

図(b)は完全グラフの場合であり，対角成分以外の全セルが着色される．このように，接続行列中に着色セルがかたまって存在する場所には，完全グラフとなる部分グラフ（クリーク）が存在することを読み取ることができる．

接続行列とノード・リンクダイアグラムを組み合わせた手法も提案されている．NodeTrix[28] では，ネットワーク内で連結が密な部分構造を抽出し，それらを接続行列で描画する．また，接続行列をノードとみなし，それらの間の接続関係をエッジで描画している．

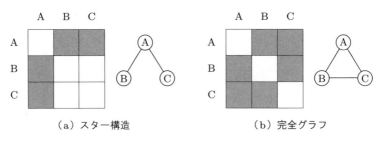

（a）スター構造　　　　（b）完全グラフ

図 2.29　接続行列の例

2.6.5 • 階層的エッジバンドル

データセットの中には，階層的な関係とそれ以外の関係が混在したものも存在する．たとえば，ソフトウェアのソースコードは，ディレクトリやファイル，クラスといった階層構造で整理される一方，クラス間の依存関係など階層的でない関係も存在する．また，ソーシャルネットワークにおいても，コミュニティなどのユーザグループは階層構造をなす一方，個々の人物間の関係は，異なるコミュニティに属する人物間にも存在する．このようなデータセットを可視化する場合，階層構造を含むすべての関係をフラットに扱い，ネットワーク構造として扱うことも可能であるが，階層構造という重要な情報をみすみす捨ててしまうことになる．したがって，階層構造については 2.5 節で述べた木構造の可視化技法を適用し，階層的でない関係についてはオブジェクト間にリンクを描画するアプローチが考えられる．

問題は，リンクが多数存在する場合に視認性が低下してしまうことである．リンクは階層構造的に遠い関係にあるオブジェクト間にも存在する可能性があるため，これらすべてのリンクを描画すると，非常に煩雑な印象を与える．

視認性を向上させるアプローチとして，階層構造を利用してエッジを束ねる**階層的エッジバンドル**のアプローチが提案されている[29]．このアプローチでは，階層構造上の二つのオブジェクト間に存在するリンクを，両オブジェクトをつなぐパス上に存在するノードを制御点 (control polygon) とする**スプライン曲線** (spline curve) として描画する．スプライン曲線とは，制御点により定義される滑らかな曲線であり，B-スプライン曲線やベジエ曲線 (Bézier curve) などが代表的である．図 2.30 に D3.js の Bundle Layout を利用して描画した例を示す．たとえば，C_4 と C_5 間のリンクは B_2 を，C_5 と C_7 間のリンクは A, B_2, B_3 をそれぞれ制御点と

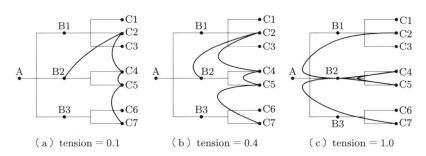

図 2.30　階層的エッジバンドル

して描画されている．ここで，図（a）〜（c）はバンドルの強さ（d3.svg.line()のtensionパラメータの値）をそれぞれ$0.1, 0.4, 1.0$にして描画した場合である．バンドルを強くするほど，同様の領域を結ぶリンクが束ねられるため描画がすっきりするが，異なるリンクが完全に重なってしまい，区別がつかなくなる問題も発生する．図（c）の例では，B_2とC_2間のリンクと，C_2とC_4間のリンクが完全に重なってしまっている．

階層的エッジバンドルは，多様な木構造の可視化手法に適用可能な，汎用的なアプローチである．たとえば，ツリーマップで階層構造を描画した場合には，パス上にあるノードに対応するセルの中央位置を制御点として描画する．図2.30と同じ階層構造に，同じリーフ間リンク（すなわち，B_2-C_2間以外のリンク）をツリーマップで描画した例を図2.31に示す．

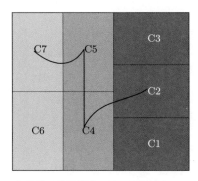

図2.31　図2.30と同様の階層構造・リンクをツリーマップで描画した例

関連する可視化手法として，図1.3でも用いられている**サンキー・ダイアグラム**がある．サンキー・ダイアグラムは，流量の可視化に用いられる技法であり，パスの大きさ（太さ）で量を表現する．パスの分裂や合流などを表現可能であり，たとえばあるwebページの訪問者が，つぎにどのページを訪問するかといった遷移関係を，その割合も含め可視化することができる．図2.32にサンキー・ダイアグラムの例を示す．一番左端にあるAからC, Dに分離して遷移する流れ（パス）があり，CではAの一部とBが合流し，その後E, Fに分離することなどがその流量とともに表現されている．通常，サンキー・ダイアグラムはエッジバンドルとは異なる可視化手法に分類されるが，複数のパスが部分的に束ねられているとみなせば，両者は類似した手法といえる．

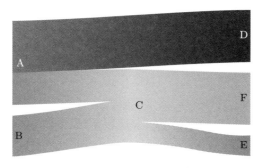

図 2.32 サンキー・ダイアグラム

2.6.6 ・ ネットワーク可視化手法の選択

本節では，グラフとしてネットワーク構造を描画する方法，接続行列を用いて描画する方法をそれぞれ紹介した．現状では，グラフとして描画する方法のほうが一般的に広く用いられているが，これは一般の人にとって親しみやすく，特別な背景知識なしに利用可能であることが主な理由と考えられる．しかし，接続行列を使った方法はスペースを効率的に利用できるなどの利点をもっているため，ある程度大規模なネットワークを可視化したい場合には検討に値する．

2.6.5項で紹介したように，ネットワーク構造と木構造は関係が深い．対象となるネットワーク構造に，階層的構造などがある程度含まれるようであれば，その構造を利用して木構造の可視化も組み合わせることで，データの可読性，理解容易性が向上することが期待できる．したがって，可視化手法を決定する前に，対象データの傾向などを分析したり，あるいは対象データがどのように生成されたかといった背景知識を確認したりすることで，階層構造が存在するか否かを確認することも有意義である．

2.7 ❖ テキストの可視化

テキストは，情報の表現・記録手段として一般的なものであり，webページ，Twitterにおけるツイート，社内・組織内での各種文書などの多様なテキストオブジェクトを可視化の対象としたい場合は多く存在する．

テキストオブジェクトを可視化する場合，形態素解析などの処理を適用して単語（キーワード）を抽出し，これを可視化対象のオブジェクトとする場合が多い．文書オブジェクトにおける共起関係などに基づき単語間のエッジを定めれば，前

節で述べたネットワークの可視化手法が適用できる．

本節では，テキストオブジェクトに特有の可視化手法として，**タグクラウド**を紹介する．タグクラウドは，もともとは del.icio.us などのソーシャルブックマークで管理されるタグを対象とした可視化だが，テキストデータから抽出した単語の可視化方法として一般化することができる．

タグクラウドは，多数の単語を与えられた描画領域内に配置する手法である．各単語には重みが付与され，重みに応じて大きさや色を変えることで，その重要度を可視化する．シンプルなアプローチでは，図 2.33 のように，通常の文書と同様のレイアウトで単語を列挙するが，フォントサイズが異なると，空白が多く発生するという問題点がある．

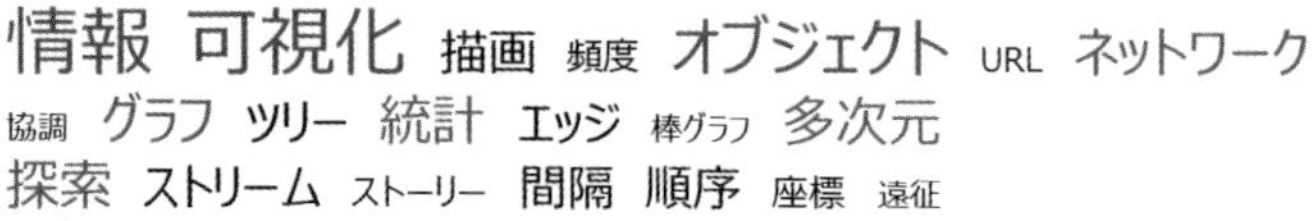

情報 可視化 描画 頻度 オブジェクト URL ネットワーク
協調 グラフ ツリー 統計 エッジ 棒グラフ 多次元
探索 ストリーム ストーリー 間隔 順序 座標 遠征

図 2.33　タグクラウドの例（シンプルなレイアウト）

アート的なレイアウトの美しさを考慮したアプローチも存在する．ここでは，代表的な手法として **Wordle**[30] を例にとって説明する．図 2.34 は，Wordle により生成したレイアウトの例である．図 2.33 と同様，さまざまなフォントサイズの単語が含まれているが，たとえば search などの大きなサイズで表示されている単語において，各アルファベットの隙間部分に，フォントサイズの小さい別の単語が埋め込まれ，余白があまり生じないようになっていることがわかる．なお，日本語フォントには対応していないが，任意のテキストを入力して Wordle により

図 2.34　Wordle によるタグクラウド（水平方向）

タグクラウドを生成するサービスが web 上で公開されている[†].

Wordle では，入力されたテキストから正規表現を利用して単語を抽出し，出現頻度を重みとしてタグクラウドを描画する．タグクラウドの描画は，描画領域として与えられた平面に単語を敷き詰めていく問題としてとらえることができる．この問題は，与えられた要素を収める容器の最小数を求める**ビンパッキング問題** (bin-packing problem) として定式化可能である．

ビンパッキング問題は NP 困難な問題であり，最適解を効率的に求めるアルゴリズムが存在しない．そこで Wordle では，確率的グリーディアルゴリズム (randomized greedy algorithm) により近似解（配置）を効率的に求めている．確率的グリーディアルゴリズムでは，サイズの大きい単語から順に，ランダムに配置位置を決定する．その単語より前に配置済みの単語と配置位置がオーバーラップしないかを確認し，重なる場合には配置位置をらせん状に微調整しながらオーバーラップしない位置を求めていく．

単語の配置位置に関して，完全にランダムに決定するのではなく，何らかの戦略に基づき決定するほうが，レイアウトの整合性を保つうえで有用と考えられる．Wordle では以下に示すようないくつかの戦略が提案されている．

- center-line: 描画領域の水平中央線に近い位置に配置．
- alphabetical center-line: 単語をアルファベット順にソートし，水平方向の位置はばらつかせながら水平中央線に近い位置に配置．
- clustering data: 単語をクラスタリング可能なら，同一クラスタの単語を近くに配置．

最初の戦略 (center-line) は，単語間に余分な空白を生まない点で効果があると考えられる．また，alphabetical center-line ではアルファベット順，clustering data は関連する単語を近くに配置することで，レイアウトに整合性を与えているといえる．

単語の配置の際に，位置だけでなく向きを制御することも可能である．図 2.34 のタグクラウドでは，単語は通常の横書き（水平方向）になっているが，向きを自由に変えた場合のタグクラウドを図 2.35 に示す．

前述のとおり，Wordle ではビンパッキング問題の最適解を求めるのではなく，近似解を効率的に求めることで計算の効率化を図っている．計算の効率の観点で

[†] http://www.wordle.net/

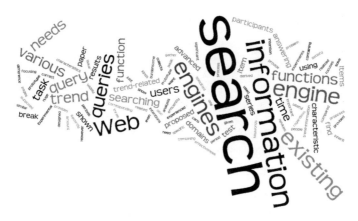

図 2.35 Wordle によるタグクラウド（任意方向）

は，単語のオーバーラップの確認も計算コストがかかることが知られている．高速化の工夫としては，単語の矩形領域（バウンディングボックス）を階層化し，大きいサイズから再帰的にチェックしていくことで，単語どうしのオーバーラップを確認する時間を短縮することが考えられている．また，オーバーラップを確認すべき単語の選択方法に関して，描画領域を四分木 (quad tree) で管理し，すでに配置された単語の情報を格納したり，ある単語 X とオーバーラップが検出され，位置の微調整を行った場合，単語 X とのオーバーラップから確認するなどの工夫が考えられている．

2.8 ❖ 協調的マルチビュー

協調的マルチビュー(**coordinated multiple view**, **CMV**)[31-33] とは，複数のビューを組み合わせて提示する手法であり，これまでに紹介してきた各種の可視化手法を組み合わせ，用途に応じ適切なシステムを構築する際に有用なアプローチである．システムを構成する各ビューは完全に独立ではなく，データセットを介して紐付けられているといえる．したがって，ビュー間には何らかの関連付けを行う必要があり，それを**連動**，あるいは**協調** (coordination) とよぶ．

ビューの組合せやその目的により，マルチビューは以下のようにいくつかのタイプに分類される．なお，以下に挙げたものは代表的な組合せであり，すべてのマルチビューが以下のいずれかに分類されるわけではない．

（1） **デュアルビュー** (dual views)：二つのビューを並べるタイプ．組み合わせるビューの役割により，以下のような種類が存在する．

- オーバービュー＆詳細ビュー (overview & detail views)：データ全体の概略を表示するビュー（オーバービュー）と，一部の詳細を提示するビューの組合せ．
- フォーカス＆コンテクストビュー (focus & context views)：オーバービュー＆詳細ビューと同様であり，フォーカスビューが詳細ビュー，コンテクストビューがオーバービューに対応する．コンテクストビューは，オーバービューほど多量のデータを提示しない場合も含まれる．
- 相違ビュー (different views)：ビュー間の違いを強調して提示．
- マスター・スレーブビュー (master / slave views)：一方のビュー（マスタービュー）が他方（スレーブビュー）をコントロールするような組合せ．
- ミニチュアの世界 (worlds in miniature)：バーチャルリアリティで利用される．一人称視点のメインビューに，仮想世界のミニチュアを提示するビューを組み合わせて用いる．

（2） 三つ以上のビューの組合せ

- **スモールマルチプル** (small-multiples)：多数のアイコンや絵文字などのようなビューを，行列のように並べて提示する．

このほか，複数種類のオブジェクトを対象として可視化する際に，オブジェクトの種類ごとにそれぞれ適した可視化手法を採用したビューを用意する場合もマルチビューに該当する．

マルチビューの場合，各ビューに対しユーザが行う操作がそれぞれ独立していたのでは，効率的な情報アクセスとはならない．そこでマルチビューでは，あるビューに対する操作に連動し，ほかのビューにも何らかの変更が発生するようになっているのが一般的である．代表的な連動の方法として，以下が挙げられる．

- **ブラッシング** (brushing)：あるビューでオブジェクトを選択すると，同じあるいは関連するオブジェクトがほかのビューで強調表示される．
- **ナビゲーショナル・スレービング** (navigational slaving)：あるビューでナビゲーション操作を行うと，そのアクションがリンクされたほかのビューに伝

播する．

ブラッシングにより，ビュー間で対応する部分が明確になる．これにより，あるアイテムについて，複数のビューでそれぞれ異なる側面を可視化している場合など，それらを統合して認識することが可能になる．

ナビゲーション操作とは，スクロールやズーム，パンなど，ビューに表示される内容の変更をともなう操作を指す．**パン** (pan) は本来カメラを左右方向に動かす操作を指すが，地図を用いた可視化などで，描画する領域を選択する操作を指すことが多い．すなわち，すべての情報を同時に描画できない場合に，描画する部分を選択する操作がナビゲーション操作である．一方のビューでスクロールバーを操作すると，他方のビューでも自動的にスクロールバーが操作され，対応する部分が描画される**同期スクロール** (synchronized scrolling) などが代表的なナビゲーショナル・スレービングである．図 2.36 に，ブラッシングとナビゲーショナル・スレービングの例を示す．

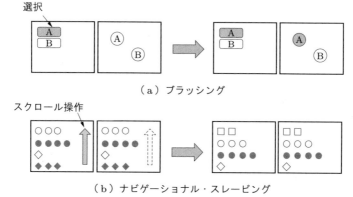

（a）ブラッシング

（b）ナビゲーショナル・スレービング

図 2.36 ブラッシングとナビゲーショナル・スレービング

連動に関して，シェア (M. Scherr) はアイテムの選択，およびビューに対するナビゲーションの組合せによって，連動を表 2.5 に示す 3 種類に分類している[31]．ここで，マスターはユーザが操作を行ったビュー，スレーブはそれに連動した操作が施されるビューを指す．

パターン（1）はブラッシング，パターン（2）はナビゲーショナル・スレービングに対応する．パターン（3）は両者の複合的な操作であり，たとえば地図（マスタービュー）上で都市名をクリック（選択）すると，その都市に関する情報がスレーブビューに表示される，などがこのパターンに該当する．

表 2.5 連動パターンの分類

パターン	マスター	スレーブ
パターン（1）	アイテム選択	アイテム選択
パターン（2）	ナビゲーション	ナビゲーション
パターン（3）	アイテム選択	ナビゲーション

CMV を適切に利用すれば，単一のビューですべての情報を提示するよりも認知負荷を軽減できることが期待されるが，その利用が不適切であれば，逆効果にもなりうる．たとえば，複数のビューごとに見方や操作が異なる場合，それらについて学習する時間とコストが発生する．また，スクリーンを複数のビューに分けて利用することになるため，単一ビューの場合よりも大きいディスプレイが必要になることが考えられる．さらに，システム自体も複雑になるため，設計や実装，メンテナンスに要するコストも増大する．バルドナード (M. Baldonado) らは，CMV 導入に関するガイドラインとして，以下の 4 原則を挙げている[32]．

- 多様性の原則 (rule of diversity)：属性，モデル，ユーザ特性，情報の粒度，ジャンルなどに関して多様性がある場合に CMV を利用すること．
- 相補性の原則 (rule of complementarity)：異なるビューによって関連や相違が明らかになる場合に CMV を利用すること．
- 分解の原則 (rule of decomposition)：複雑なデータを複数のビューに分解することで，データを扱いやすい単位にまとめたり，異なる次元間の相互作用に気づきやすくすること．
- 倹約の原則 (rule of parsimony)：複数ビューの利用は最小限にとどめ，ユーザの学習コストやコンテクストスイッチに要するコストに配慮すること．

倹約の原則における**コンテクストスイッチ**とは，作業対象とするビューを変更とする際に発生する**コンテクスト**の切替えを指す．ビューから何らかの情報を読み取るためには，そのビューにおいて提示されているオブジェクト間の関係や，データの分布といった情報を認識し，理解する必要がある．これらの情報は，個々のオブジェクトを理解したり，着目したりするために必要なコンテクスト（文脈）といえる．同一のビューを対象として作業している場合，コンテクストは一貫しているが，ほかのビューに作業対象を移した場合，コンテクストが異なるために新たに認識，理解し直す必要があり，コンテクストスイッチとよばれる．異なるコンテクストの把握に要する時間や，複数のコンテクストを記憶しておくために

要する認知的コストなどを考慮する必要がある[34]．

バルドナードらは，CMV の実装に関しても同様に 4 原則を挙げている．

- 空間的・時間的リソース最適化の原則 (rule of space/time resource optimization)：複数ビューで提示することによる空間的・時間的なコストと利益のバランスに配慮すること．
- 自明の原則 (rule of self-evidence)：複数ビュー間の関係をより明確に伝えるために，知覚的手がかりを利用すること．
- 一貫性の原則 (rule of consistency)：複数ビューに対するインタフェースを一貫したものにすること．複数ビューの状態について整合性を保つこと．
- 注意管理の原則 (rule of attention management)：ユーザの注意が適切なビューに，適切なタイミングで向くように，知覚的技術を利用すること．

空間的・時間的リソース最適化の原則に関して，空間的コストとしては表示スペースの広さ，時間的コストには計算時間など，利益としては認知的負荷の軽減や効率性の向上などが挙げられる．また，自明の原則における知覚的手がかりとしては，ブラッシングによる関連オブジェクトの強調表示などが挙げられる．注意管理の原則においても，強調や音，アニメーションなどでユーザの注意を適切に惹きつけることが重要とされている．

CMV を採用したシステムを実装する場合の別の課題として，目的に応じた適切な可視化手法の組合せをいかにして見つけるか，ということがある[35]．最適な組合せを自動的，あるいは理論的に見つけることは困難といえるが，ユーザが探索的に発見することを支援するアプローチが研究されている．一例として，第 3 章で紹介する可視化キューブを利用した時空間的動向情報の探索的分析支援システム[36]では，比較分析を支援するためにデュアルビューを採用している．広義の比較分析においては，動向，統計データ，可視化表現のいずれか一つ以上が異なるビューを比較するとの考えに基づき，これらの要素をユーザがインタラクティブに変更し，ビューを生成することを可能としている．図 2.37 に，同じ情報に対し異なる可視化表現を適用したデュアルビューの例を示す．両ビューとも 1998〜2000 年における CO_2 の時間的動向を日本の地方間で比較したものであるが，棒グラフでは横軸を年とし，各地方を異なる色の棒に割り当てている．円グラフでは地方ごとに異なる円グラフとして描画し，各年を異なる色に割り当てている．棒グラフでは CO_2 の量が地方ごとに大きく異なることを，円グラフでは年

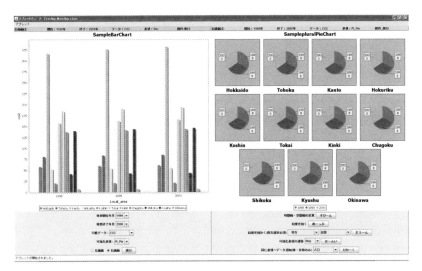

図 2.37　同じ動向情報に異なる可視化表現を適用したデュアルビューの例（◆ p.vi 参照）

ごとの変動は地方間でほとんど変わらないことを読み取れる．

2.9　◆　ディストーション

　協調的マルチビューで紹介したオーバービュー＆詳細ビューやフォーカス＆コンテクストビューは，着目データの詳細とデータ全体の概略を別々のビューで表示するアプローチである．これに対し，両者を一つのビューで提示するアプローチも存在する．このアプローチでは，すべてのデータを詳細が確認できるように表示すると，広大な描画領域が必要になり現実的でない．かといって，限られた描画領域にデータ全体が収まるように表示した場合には，着目データの詳細に関する情報まで提示することは困難となる．そこで，すべてのデータを均一な詳細度で描画するのではなく，着目データについては詳細情報を広い領域に表示しつつ，それ以外のデータは小さくしたり詳細を割愛することで，多数のデータを表示するアプローチが考えられる．このアプローチは，描画領域内でレイアウトや縮尺などを歪めるという意味で**ディストーション**とよばれる．

　ディストーションのアプローチとしては，以下のメタファを用いるものが存在する．

　（1）　遠近感

（2）ルーペ

（3）魚眼レンズ

（1）は，遠近感を導入することで，着目データを手前に配置して詳細を描画し，それから遠ざかるほど小さく描画する．Perspective Wall[37] は，正面と左右の壁から構成される描画領域において，正面を詳細ビュー，左右の側面をコンテクストビューに利用する．時系列データを対象とし，時間軸を前後にスライドすることで，正面に描画されるデータが移動する．時系列データのコンテクストは，時間的に近いデータにより与えられるといえる．したがって，遠近感を利用し，着目データと離れるほど小さく描画することで，詳細ビューとコンテクストビューを自然に連結している．

（2）は，紙の印刷物などの詳細を確認したい場合にルーペを利用するのと同様な感覚で，詳細ビューとオーバービューを両立する．基本的なビューはオーバービューであり，そこに仮想的なレンズを用意し，ユーザが任意の場所に置けるようにする．レンズが置かれた領域内だけ詳細が確認できるように拡大して表示する．このアプローチを採用した代表的なシステムに magnifying glass がある[38]．

（3）の魚眼 (fisheye) レンズとは，写真用カメラレンズの一種であり，全視野（約 180 度）がある大きさの像円内に写像される．このとき，円の中心部は大きく，円周に近づくほど小さく表示されることから，詳細ビューとオーバービューを同時に描画する際のメタファとして用いられる．generalized fisheye views[39] では，描画対象となる各データに対し重要度 (degree of interest, DOI) を割り当て，この値に基づき描画するデータを選択する．重要度は，事前に与えられる重要度と，着目データとの距離に基づき決定する重要度から構成されるとしている．木構造を対象とした場合の DOI 関数として，以下の式を提案している．

$$DOI_{tree}(x|y) = -d_{tree}(x, root) - d_{tree}(x, y) \quad (2.24)$$

ここで，x が重要度を求めたいデータ，y が着目データである．関数 $d_{tree}(x,y)$ は，木構造上での x, y の間の距離であり，両点間のパス長で定義される．右辺の第 1 項は事前に与えられる重要度に対応し，ルートに近いデータほど重要としている．図 2.38 に，式 (2.24) に従い各ノードの重要度を計算した例を示す．この例では，着目データ（ノード）を G としている．図 (a) が事前に与えられる重要度，図 (b) が着目データとの距離に基づく重要度，図 (c) が両者を統合した

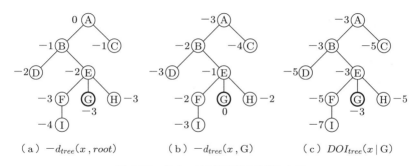

図 2.38 各ノードの重要度を計算した例

重要度である．着目データおよびその祖先ノードの重要度が一番高くなり，着目ノードから離れるほど，あるいはリーフに近いほど重要度が小さくなっている．描画の際には，指定した閾値以上の重要度をもつノードのみを描画することで，着目データと関係の低い部分の詳細を省略することができる．プログラムのソースコードを描画する際に，ブロックの入れ子構造を木構造に対応付けることで，着目行の周辺だけでなく，どのループに含まれているかといったコンテクストも把握しやすくなる例が示されている．

同様に木構造を対象とした魚眼レンズのメタファとして，hyperbolic tree [40] では木構造のレイアウトを双曲平面上で行い，単位円板（ポアンカレ円板）に写像する方法を採用している．この方法では，双曲平面上の点は単位円板内に写像されること，単位円板の円周は無限遠を意味し，近づくほど長さの単位が短くなることを利用している．すなわち，着目データと遠いデータは円周近くに配置することで，多数のデータを描画可能となる．

魚眼レンズのメタファは木構造以外のデータにも適用可能であり，地図を対象としたフォーカス＋グルー＋コンテキスト (focus+glue+context) 型 fisheye view マップが提案されている[41]．ユーザが注目する部分は縮尺が大きい地図 (focus)，そのほかの部分は全体的な位置関係を俯瞰するために縮尺の小さい地図 (context) として描画するが，両領域を結ぶ経路をもつ領域 (glue) を導入することで，地図のひずみを吸収している．

3 情報可視化システム

本章では，具体的な情報可視化システムを取り上げながら，情報可視化システムを開発する際に考慮すべき点などについて説明する．情報可視化システムが支援すべきタスクをストーリーテリング，探索的データ分析，テキストストリームデータのモニタリングに分類し，探索的データ分析支援とモニタリング支援についてシステムを紹介しながら説明する．

Keywords

・探索的データ分析　・インタラクション　・協調的情報可視化　・モニタリング支援

3.1 ❖ 情報可視化システムの開発

3.1.1・タスクの分類

情報可視化システムが支援対象とするタスクについて，本書では以下に大別する．

- ストーリーテリング (storytelling)
- 探索的データ分析 (exploratory data analysis, EDA)
- モニタリング (monitoring)

ストーリーテリングはデータから読み取ってほしいこと，伝えたいことを視覚的に伝えることを目的としたタスクである．1.1 節で紹介した，ナポレオンのモスクワ遠征に関する可視化は，戦争の悲惨さを伝えることを目的として作成された，ストーリーテリングの代表例といえる．ストーリーテリングにおいて重要な点は，ビューの作り手が読み取ってほしいことを，ビューを見る人に正しく伝えることにある．新聞記事や，ニュース番組などのフリップ，あるいはポスターで使われる統計グラフなどは，記事やニュースの内容を視覚的に伝える補助的な役割をするものであり，ストーリーテリングの重要な応用例の一つである．近年では，web 上で入手可能なオープンデータを活用したデータジャーナリズム[42]とよばれる新たな報道手法も注目を集めており，ストーリーテリングも可視化の主要な支援対象となっている．

探索的データ分析は，データから新たな知見や仮説を得る目的で行われる作業であり，データの分布傾向などといったオーバービューの把握，詳細な情報へのアクセスなどから構成される．情報可視化だけでなく，データマイニングや情報アクセスとも関連する分野であり，探索的データ分析を支援するツールや研究は**ビジュアルデータマイニング**(visual data mining)や**ビジュアルアナリティクス**(visual analytics)などともよばれる．

　モニタリングは，オンラインニュースや電子メール，Twitter など，新しい情報が継続的に到着するような，ストリーム性をもったデータを確認する作業を指す．これまでは情報アクセス支援の一種として，探索的データ分析支援と意識して区別されていなかったが，近年話題となっているビッグデータの特性を表す 3V (volume, velocity, variety) の一つに情報の更新・生成速度 (velocity) が挙げられているように，ストリーム性をもったデータリソースの増加により，近年支援の重要性，必要性が増しつつある．

　上記三つのタスクのうち，ストーリーテリングはアート・デザイン的要素が強いため，本章では工学的要素の強い後者二つを対象とする．第 2 章で紹介した各種の情報可視化手法を利用し，これらのタスクを支援する情報可視化システムをどのように設計すればよいかについて述べる．両タスクに共通する重要な点として，ユーザが操作をしながらデータを理解し，必要なデータにアクセスすることが挙げられる．すなわち，インタラクションの設計が重要となる．そこで，本章では探索的データ分析，モニタリングタスクの特性とともに，インタラクションの設計方法について学ぶ．

3.1.2 • 情報可視化システムの構成

　情報可視化システムを開発するにあたってまず考えなくてはならないのは，1.2 節に書いたとおり「何を可視化するか」，「どのように可視化するか」の 2 点である．対象とするデータに関して何を確認したいかにより，元データから構造を抽出するために行う前処理，および適した可視化方法を検討するところから始まる．

　また，前述のタスクのうち，とくに探索的データ分析やモニタリングでは，静的な絵として可視化するのではなく，インタラクションをともなうダイナミックな情報可視化システムとして構築することが一般的である．したがって，情報可視化システムの開発にあたっては，必要なインタラクションの検討も必要となる．ここで，必要なインタラクションには，ビューを操作して見やすくするために行

われるものだけでなく，可視化されるデータ構造そのものに対するものも考慮する必要がある．

上記の情報可視化のプロセス（図 1.6 参照）は，1.4 節でも触れた KDD のプロセスと共通する点が多い．KDD のプロセスは，以下の一連のステップから構成される[8]．

（1）　選択 (selection)
（2）　前処理 (preprocessing)
（3）　変換 (transformation)
（4）　データマイニング (data mining)
（5）　解釈・評価 (interpretation / evaluation)

（1）の選択では，入手可能なデータの詳細を調査するとともに，不足するデータを新規に獲得するなどして，分析対象とする対象データを用意する．対象データは収集時のデータフォーマットのままであり，これをデータマイニングツールで利用可能とするために（2）の前処理を適用する．具体的には，データ形式の統一・整形のほか，欠損値や異常値を処理するデータクリーニングなどを行う．

（3）の変換ステップでは，属性選択や新しい属性の生成，離散化や正規化などの処理を行って，データマイニングアルゴリズムへの入力データを生成する．多くのデータマイニングツールでは，変換ステップを行うためのインタラクションを用意している．

（4）のデータマイニングは各種データマイニングアルゴリズムを選択し適用するステップ，（5）の解釈・評価はアルゴリズムの出力結果を確認するステップとなる．

この KDD プロセスと，情報可視化のプロセスの対応関係を図 3.1 に示す．この図では，情報可視化のプロセスにおけるデータ変換，可視化変換，視覚的マッピング変換ステップは，KDD プロセスの前処理，変換，データマイニングステップにそれぞれ対応付けられている．KDD プロセスでは，下流のプロセスで満足な結果が得られない場合，適宜上流に戻りながら漸進的に進める必要があることが指摘されている．情報可視化でも同様と考えると，フィードバックのためのインタラクションを考える必要がある．図 3.1 の対応関係に基づけば，一般的なデータマイニングツールでカバーされる変換ステップに相当する可視化変換以降のステップは，情報可視化システムでもカバーすべき場合が多いといえる．もちろん，

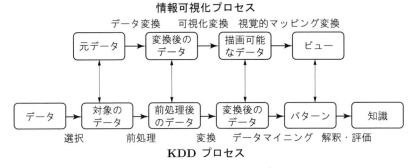

図 3.1 情報可視化プロセスと KDD プロセスの対応

システムの用途などによってはデータ変換ステップも含めるべきであるが，反対に視覚的マッピング変換ステップのみをカバーすれば十分な場合もありうる．

情報可視化システムで利用するビューの選択や設計に関しては，対象データから必要な情報を読み取るためにどのようなビューが必要か，適切なフィードバックをユーザから得るためにはどのようなビューが必要か，といった観点からの検討が必要となる．一般には，データ全体の概要を把握するためのオーバービューと，個々のデータの詳細を確認するためのビューを用意する必要がある．どちらのビューをメインとするべきか，あるいは単一のビューで両者を兼ねるようにするのか，なども用途に応じ検討する必要がある．複数のビューを用意する場合には，2.8 節で紹介した協調的マルチビューのコンセプトに基づきビュー間の連動などを設計する必要があり，単一のビューとする場合には，2.9 節で紹介したディストーションの導入を検討する必要がある．

3.2 ❖ 探索的データ分析支援のための情報可視化

3.2.1 • 探索的データ分析と情報可視化

データ分析のアプローチとして代表的なものに，**検証的データ分析** (confirmatory data analysis, CDA) と **探索的データ分析** (exploratory data analysis, EDA)[43] がある．検証的データ分析は，仮説の検証を目的として行われるデータ分析である．帰無仮説が棄却された場合に対立仮説を採用する統計的検定が，検証的データ分析に該当する．したがって，検証的データ分析の場合には検証したい仮説をあらかじめもっていることが前提となる．また，検証したい事象に関連し，検定に悪影響を与えるおそれのある要因をできるだけ排除することが

重要であり，実験室などの統制された環境でデータを収集することが要求される．たとえば，二つのシステムA，Bを利用した場合の作業効率に差があるか否かを検証する場合，実験に用いるタスクやシステムの利用順序，実験協力者の属性（年齢やタスクに関する知識，システム利用経験など）が結果に影響を与えることが想定されるため，適切な実験計画(experimental design)の策定などが必要となる．

一方探索的データ分析では，むしろデータから仮説を発見することが目的となる．このためには，分析の前に特定の前提を置くことを避けて分析を進めるのが重要であるとされている．また，仮説の検証のために統制された条件設定の下にデータを収集することが一般的である検証的データ分析に対し，すでに存在するデータに対し分析を行うことが多い．したがって，データマイニングなどとの親和性が高いデータ分析のアプローチといえる．

情報可視化技術は探索的データ分析と親和性が高く，これを支援対象タスクとする情報可視化システムも多く研究開発されている．これらの研究領域ではビジュアルアナリティクス(visual analytics)[44]やビジュアルデータマイニング(visual data mining)[45]といったキーワードが用いられる．探索的データ分析では，データから仮説を発見することが目的であり，現状ではそれは人間である分析者の役割である．したがって，データの全体像，あるいは詳細を視覚的にわかりやすく提示する情報可視化技術は，人間をデータ探索プロセスに組み入れるためにも必要不可欠な技術といえる．

また，可視化自体がデータ空間を探索するプロセスとしてとらえることができるといった指摘もある[46]．たとえば，探索的データ分析を目的とした場合，データから何らかの知見を読み取るために，さまざまな角度からデータを眺めるビューを生成する作業を繰り返す．これらは，分析者にとって満足するビューを見つけるための探索的プロセスととらえることができる．また，ストーリーテリングにおいても，分析者が他者へ伝えたいことが明確に表現されたビューを得るために，統計グラフの種類を選択したり，軸のスケールを変更したり，視覚変数とデータ属性のマッピングを変更したりという探索行為を行い，最終的に満足するビューを発見するに至る．

探索的データ分析において，ビューを眺めながら分析者が行う作業は，大きく以下の3点に集約される．

(1) 可視化された情報の中で，興味ある部分，特徴的な部分に気づく．

（2）気づいた点について，その背後にある理由などについて考察する．
（3）「気づき」を積み上げ，何らかの知見を得る．

（1）は，ほかと大きく異なる値をとるデータや，時系列データで大きく変動する時点，2属性間にみられる関係性などに気づくことを意味する．これらの「気づき」に対し，解釈や意味づけを与えるのが（2）であり，**センスメイキング**(sense-making) とよばれる．また，気づきは断片的なものであることも多いが，それを積み上げることで，最終的にデータ全体に対するより大きな，包括的な理解に至り，問題解決やアクションにつながる知見を得ることができる．（3）に示すこのプロセスは洞察とよばれる．

これらの作業は，分析者の背景知識や問題意識を要するものであり，計算機に作業を代行させることは現状では難しい．もちろん，計算機に異常値検出処理を行わせたり，ある条件を満たすデータを識別することはできる．しかしこれらは通常，判断基準，識別基準を具体的に指定したり，あるいは異常値や通常値に関する学習用データを多数用意して，データマイニングの一手法である分類モデル構築などを適用して識別基準を計算する必要がある．探索的データ分析は，何をもって異常値と判断するか，どのようなデータを識別すべきかについての考えがまだまとまる前の段階に行われるべき作業であり，むしろ分析者が暗黙知的にもっている判断，識別に関する知識を，データ空間とのインタラクションを通じて引き出すプロセスが探索的データ分析の目的といえる．

これらの作業を情報可視化技術により支援するためのアプローチとして，本書では以下の3点に着目する．

（1）インタラクションの導入
（2）比較作業の支援
（3）協調的可視化

インタラクションは，分析者が主体的にデータ分析に参加するために必須であり，適切なインタラクションの設計について検討する必要がある．比較作業は，データ間の共通点や相違点に気づくために必須であり，データ分析の基本作業ともいえるため，これを可視化システムにより支援する．協調的可視化は，一人ではなく複数の分析者が探索的データ分析に参加することで，より多様な観点から深い分析を実現するためのアプローチである．以下，それぞれについて説明して

いく.

3.2.2 • 情報可視化とインタラクション

探索的データ分析では，データをなるべく多様な観点から眺め，データに対する理解を深めることが重要である．1.3 節で，視覚的情報探索におけるマントラを紹介したが，ケイム (D. Keim) は以下に示すビジュアルアナリティクスにおけるマントラ (visual analytics mantra) を提案している．

> まず分析し，重要な部分を確認し，さらにズーム・フィルターして分析し，必要に応じて詳細を確認する．
> (*Analyze first, show the important, zoom, filter and analyze further, details on demand*[47].)

ここで，最初に行う分析とは，データベースに対する操作，すなわち分析対象とするデータの絞り込み，およびデータマイニングなどのデータに対する計算を意味する．また，重要な部分を確認するために，分析結果の可視化が行われる．その後のズームやフィルタリング，詳細確認は情報アクセスに対応する．視覚的情報探索におけるマントラと比較すると，データ分析処理が加わった点が大きな違いとなっている．

また，分析結果の可視化においても，可視化手法を切り替えたり，視覚変数とデータ変数とのマッピングを変更したりといった操作を行い，多種多様なビューを生成していくことになる．したがって，分析対象とするデータの選択，ビューの生成，情報アクセスなどでインタラクションが発生することになる．

情報可視化システムにおいて発生しうるインタラクションに関して，ユーザ要求の観点から以下の分類がなされている [48]．

- 選択 (select)：関心のある対象にマークする
- 探索 (explore)：現在と異なるものを見る
- 再構成 (reconfigure)：異なる配置で見る
- 符号化 (encode)：異なる表現で見る
- 抽象化・精緻化 (abstract / elaborate)：異なる粒度で見る
- フィルタ (filter)：条件を付けて見る
- 接続 (connect)：関連アイテムを見る

選択は，ほかの操作に先立って実行される操作であり，選択したアイテムに対し，協調的マルチビューのところで述べたブラッシングや，関連アイテムの探索などのインタラクションがその後に続く．探索は，アイテムのビューへの追加・削除や，パンなどによる表示範囲の変更に相当する．再構成は，ソートによりデータや属性の提示順序を変更したり，アイテムの位置を変更したりする操作を含む．符号化はビューの変更に相当し，色やサイズ，形状といった視覚変数の割当てを変更する．

抽象化・精緻化は，情報の提示粒度を切り替えるためのインタラクションであり，ドリルダウンやズームインなどによって詳細情報を表示したり，ズームアウトによりオーバービューを表示したりする．フィルタは提示対象とするデータの絞り込み操作に相当する．代表例である**ダイナミッククエリ** (dynamic query) はテキストデータの絞り込みによく利用され，入力された文字列にマッチするデータのみに絞り込む．検索エンジンのようにエンターキーを押した時点で文字列が確定するのではなく，キーストロークのたびに文字列が一文字ずつ長くなり，データがより狭い範囲に絞り込まれていく．接続は，選択などにより指定されたアイテムと関連するアイテムを検索し，その情報を提示したり，選択されたアイテムとの関係性を強調するために行われるインタラクションである．

分析者による探索的なデータ分析を支援するためには，単に探索に必要なインタラクションを用意するだけでは不十分であり，分析者による探索行為を支援する，あるいは促進するためのインタラクション設計が重要といえる．目的が明確に決まっている場合のインタラクションであれば，効率よく目的を達成できるようにすることが良い支援ということになるが，探索では事前に目的が定まっていないため，効率よりも試行錯誤を促すことが重要になってくる．

GUI（グラフィカルユーザインタフェース）におけるユーザとシステムのインタラクションに関して，ノーマン (D. Norman) は「**実行と評価の淵**」(gulfs of execution and evaluation) を指摘している[49]．GUIを利用したインタラクションは，分析者の目標という心理的世界と，システムの物理的状態という二つの世界を橋渡しするものであり，それらの間には方向の異なる2種類の淵 (gulf) が存在するとしている．実行の淵はユーザの心理的世界からシステムの物理的世界へ移る際の淵であり，利用者は操作意図に基づきシステムへの入力内容を決定し，入力を実行する．この際に，自身のやりたいことをどのように操作として表現すればよいかわからなかったり，操作に失敗することがありうる．

一方，評価の淵はシステムの物理的世界からユーザの心理的世界へ移る際の淵であり，システム状態の知覚，解釈を通じて操作結果を評価する際に困難を覚えることがある．これらの淵における障壁が，ユーザの試行錯誤を妨げる要因になりうる．すなわち，どのような操作を行ってよいかわからなかったり，操作結果を見て何が起きたのかが理解できなければ，インタラクションに関して保守的になってしまうおそれがある．

以上より，目的が明確ではない状況で試行錯誤を促進させるためには，失敗を許容することで，いろいろな操作を気軽に試せるようにすることが重要といえる．これにより，分析者の探索空間が拡大し，データに対する深い理解にたどり着くことが期待できる．そのためには，操作の結果が視覚的にすぐ反映されるようにすることで，期待したものと違うものが得られた場合にすぐ気づけるようにすること，そして失敗に気づいたときに後戻りを容易にすることが重要といえる．

ユーザが「やりたいことを実現するための操作」を効率的に見つけられるよりも，いろいろな操作を試してみることを促進するためには，上述のように失敗を許容することに加え，「現在の状態でできる操作」をユーザが容易にわかるようにすることも重要である．そのためには，見通しの良いインタラクションを設計する必要がある．

インタラクションモデルは，データに対して適用可能な操作を抽象化し，体系化したものである．情報可視化システムを構築する前にインタラクションモデルを構築し，これに基づきインタラクションを設計することで，首尾一貫したインタラクションを実現できる．このことは，実行可能な操作をユーザが認識しやすくする上で効果的である．

中小路らは，創造的情報創出のためのナレッジインタラクションデザインについて論じている[50]．創造的情報創出とは，具体的なプランがない状態から開始し，「何を創出するか」と「要求される表現」を同時に同定していくプロセスである．インタラクションモデルとは「対象オブジェクトの表現に必要な視点と表現方法」および「オブジェクトに対して可能な操作と意味」を記述するものであり，個々のドメイン†ごとにアプリケーションシステムのインタラクションを設計するのではなく，共通のインタラクションモデルに基づき複数のアプリケーションシステムを構築すべきとしている．

---

† 医療，観光，金融など，対象とする問題の領域を指す．

具体的なインタラクションモデルとして，オンライン分析処理 (online analytical processing, **OLAP**) で用いられる OLAP キューブ[51] や，動向情報の探索的分析を対象とした可視化キューブ[52] が挙げられる．

OLAP は，多数のデータストアからの柔軟な情報統合，多様な軸にまたがった分析を目的とした動的なデータ分析のコンセプトであり，対象データを多次元分析キューブ (OLAP キューブ) としてモデル化し，**ドリルダウン / アップ**，スライシング，ダイシングといった基本的インタラクションを定義している．ドリルダウンとは，集計単位を年単位から月単位に変更するように，詳細度を上げて集計操作を行うことを意味し，反対に詳細度を下げて集計することをドリルアップとよぶ．スライシングは集計項目を縦軸・横軸に指定して 2 次元の表を作成する操作，ダイシングは軸の入れ替えを行う操作である．

可視化キューブは，時間的あるいは空間的に変動する時空間動向情報を含む対象データを抽象的に構造化したものであり，図 3.2 に示すような 4 次元データキューブとして定義される．データキューブは時間軸 (time)，空間軸 (area)，統計データ軸 (statistical data)，可視化表現軸 (type-of-view) から構成される．時間軸，空間軸は対象データの時間属性，空間属性にそれぞれ対応しており，「日本全体→地方→都道府県」や「年→月→週→日」などのように階層構造をもっている．

統計データ軸は，可視化対象となる統計データを扱い，図 3.2 (a) では降水量 (precipitation)，気温 (temperature) が存在することを示している．可視化表現軸は，システムが利用可能な可視化表現を扱う軸であり，図 (b) では日本地図 (統計地図) 表現 (map of Japan) と棒グラフ (bar chart) が利用可能であることを示している．

可視化キューブでは，動向情報可視化において重要な意味をもつ空間，時間属

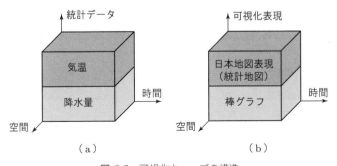

図 3.2　可視化キューブの構造

性を特別な軸として扱う一方，統計データは一つの軸にまとめることにより，対象データをシンプルな構造としてモデル化している．

可視化キューブにおいて，可視化表現の生成は，ある統計データについて，時間軸・空間軸の一方を動向軸とし，統計データ・地点（空間属性）・時点（時間属性）に適宜記号・線種などの視覚変数を割り当てる作業としてモデル化される．探索的データ分析は，このようにして与えられた可視化表現に対して，以下に示す4種類のインタラクションを行うことにより進めていく．

（1）ある統計データについての動向を示す可視化表現を生成する．
（2）可視化の粒度を変更して可視化表現を生成する．
（3）異なる統計データ間，時点間，地点間などの比較を示す可視化表現を生成する．
（4）ある動向情報について，異なる可視化表現に切り替える．

これらのインタラクションをモデル化するために，可視化キューブに対する以下の4種類の操作を定義している．

(A) ドリルダウン / アップ
(B) 比較
(C) スピン
(D) 遷移

ドリルダウン / アップは，OLAPキューブに対する同名の操作と同様であり，上記（2）に対応する．図3.3 (a) に示すビューは，関東地方・東北地方の年ごとの降水量の比較を示している．この状態で，時間軸に対しドリルダウン操作を適用すると図 (b) が得られ，月ごとの降水量を比較するビューとなる．また，ド

(a) 関東・東北地方における年ごとの降水量の比較
(b) 月ごとの降水量の比較

図 3.3　時間軸に対するドリルダウン / アップ操作の例

リルアップとドリルダウンは対称的であり，図（b）のビューに対しドリルアップ操作を適用すると，図（a）が得られる．

比較は，異なる統計データ間，時点間，地点間などの比較を示す可視化表現を生成する（3）に対応する操作である．図 3.4 に示す例では，関東地方の降水量の変化を示すビューに対し，比較操作によって東北地方を追加し，さらにその後気温を追加している．可視化キューブに対する操作としては，時間軸を固定し，空間軸および統計データ軸にそれぞれデータを追加していることになる．

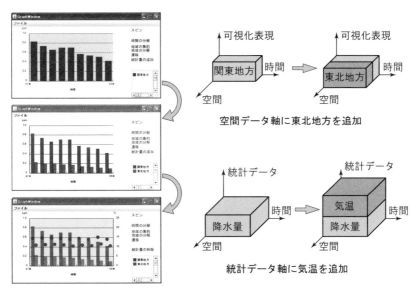

図 3.4　空間軸に対する比較操作の例

スピンは，上述の（4）における，同一可視化表現内での時間的・空間的動向情報の切替えに対応する操作である．可視化キューブ上では，動向軸を時間軸，空間軸間で入れ替える操作としてモデル化される．この操作は，OLAP キューブに対して交換可能な軸を時間軸，空間軸に限定したダイシングと見ることもできる．図 3.5（a）は，関東地方，東北地方について，年度ごとの二酸化硫黄濃度と気温に関する動向を示すビューであり，横軸に対応する動向軸は時間軸となっている．空間軸は，バーや記号といった視覚変数にマッピングされている．この状態にスピン操作を適用することで，動向軸に空間軸を割り当て，各年を視覚変数にマッピングしたビュー（図（b））が得られる．

遷移は，（4）の異なる種類の可視化表現に切り替える操作に対応する．図 3.6

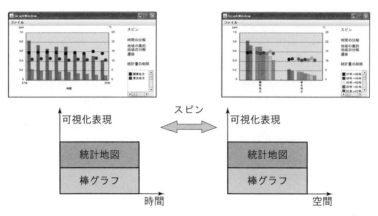

図 3.5 棒グラフへのスピン操作の適用例

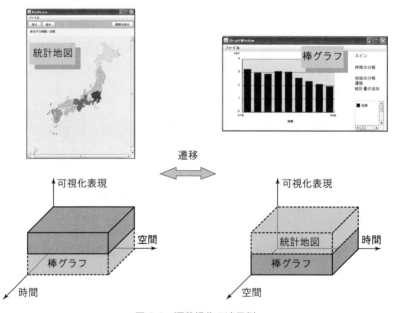

図 3.6 遷移操作の適用例

(a) では，二酸化硫黄濃度の日本全国における空間的動向を日本地図（統計地図）で描画している．この状態で，可視化表現を棒グラフに切り替える遷移操作を適用することにより，図 (b) のビューが得られる．この操作は，可視化表現軸上でビュー生成に利用する可視化表現を切り替える操作としてモデル化される．図 3.6 では，選択されていない可視化表現を透過色で表現している．

エンダート (A. Endert) らは，ビジュアルアナリティクスにおけるインタラク

ションの設計においては，データ分析の専門家ではなくドメインの専門家を支援することを目的とすべきとしている．具体的には，以下の原則を満たす**セマンティックインタラクション**を提案している[53, 54]．

1. 視覚的メタファは統計モデルあるいは類似度尺度により生成され，分析者の空間的認知を支援する．
2. 空間的分析プロセスにおいて一般的なインタラクションに基づいて，視覚的メタファと意味的にインタラクションする．
3. ユーザとの意味的なインタラクションを解釈し，モデルのパラメータに写像する．
4. ビューの背後にある数学的モデルやパラメータの複雑さからユーザを保護する．
5. 分析プロセス全体を通じて発生するインタラクションを考慮することで，逐次的にモデルを学習する．
6. 更新されたモデルと学習したパラメータを，視覚的メタファを用いて視覚的にユーザへフィードバックする．
7. 学習したモデルのパラメータはその後の分析において再利用する．

従来型の可視化システムにおけるユーザと計算機の間のインタラクションと，セマンティックインタラクションの違いを図 3.7 に示す．ビジュアルアナリティ

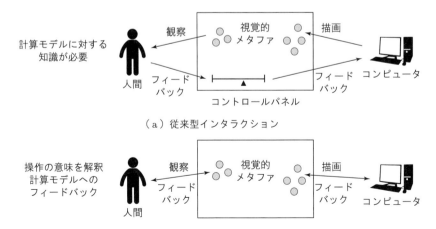

図 3.7 セマンティックインタラクションと従来型インタラクションの比較

クスにおいては，何らかのモデルに基づくデータ分析結果がビューとしてユーザに提示される．たとえば，データの空間的配置は，距離学習により得られた統計モデルにより決定される．提示された結果に対し分析者が何らかの修正を行いたい場合，従来型インタラクション（図（a））ではコントロールパネルなどを操作し，モデルのパラメータを直接フィードバックする必要がある．これに対しセマンティックインタラクションでは，空間的メタファを用いて提示されているデータに対し分析者が操作を行い，その操作に込められた意図を解釈してモデルへのフィードバックとして利用する．空間的メタファとは，位置関係などに基づいて我々が自然に感じるものであり，これを操作に利用することで，分析者が行う操作を自然で慣れたものにできる．たとえば，分析者が文書を画面上のある位置に移動させて固定した場合，場所に意味を与える行為と解釈する．固定された文書にほかの文書を重ねた場合，両文書に共通するエンティティ（キーワード）の重要度を高く更新する．また，文書に注釈を付与した場合，注釈からエンティティを抽出して重要度を付与するとともに，エンティティを共有する文書間にばねを生成し，近い位置に配置されるようにする．

エンダートらが提案するセマンティックインタラクションは，空間的メタファに限定して議論されているが，ほかのタイプのメタファや可視化手法にも拡張できると考えられる．

3.2.3 ・ 比較作業の支援

洞察やセンスメイキングの起点になるものは気づきであり，それはほかのオブジェクトと着目しているオブジェクトとの違いや，外れ値の存在，変化の傾向やパターンなどが手がかりとなることが多い．これらの手がかりに共通するものとして，「比較」が根源にあることがわかる．タフティ(E. Tufte) は，定量的推論の中心には「何と比較して？」という一つの問いがあると指摘しており[55]，キーオ (E. Keogh) らは，これは多くの情報可視化システムやデータマイニング技術にもあてはまるとしている[18]．

白山は，比較行為を以下の2種類に分類している[56]．

- 基準と比較しながら，もっとも良い情報を探索．
- 比較対象との差に解釈を与えながら，必要な情報を抽出．

このうち，探索的データ分析の場合には後者の比較行為が主体になる．本書で

は，利用するビューの観点から，さらに以下の3種類に分類して比較行為を支援するアプローチを紹介する．

（1） 単一ビュー内での比較を支援するアプローチ
（2） ビューの遷移を利用した比較を支援するアプローチ
（3） 複数ビューを用いた比較を支援するアプローチ

単一ビュー内での比較は，折れ線グラフや棒グラフなどの統計グラフや平行座標を用いて可能な，一般的なアプローチである．これらのビューでは同一の軸を用いて可視化するため，データ間の対応関係を容易に知覚することができる．一方，ネットワークの可視化などでは，比較したいデータ間の対応関係が必ずしも明確ではないため，共通部分や差異を強調するアプローチが比較支援のために用いられる．片上らは，学会誌・論文誌に掲載された論文の情報から学会における研究動向の変遷をとらえることを目的として，研究分野ネットワークとよばれる可視化手法を提案している[57]．共起度の高いキーワードどうしを接続したネットワーク構造を，会議開催年や会誌発行年ごとに生成する．可視化において，会議の開催年や会誌の発行年による研究分野の違いなどを把握しやすくするために，二つのネットワーク間で差分をとり，差の正負をそれぞれ赤色，青色で強調する．

ビューの遷移を利用するアプローチは，同種の可視化表現内で遷移する場合，異種の可視化表現間で遷移する場合に大別できる．前者には紙芝居キーグラフ[58]などがあり，時間的変動を見る場合などに利用されることが多い（キーグラフについては p.92 参照）．後者に関しては，遷移間の対応関係を明示するためにアニメーションを利用する手法が研究されている[59]．

複数のビューを用いた比較の支援は，協調的マルチビューを採用したシステムになる．このアプローチも，同種の可視化表現を並べる場合，異種の可視化表現を並べる場合に大別できる．前者には，webサイトの比較閲覧を支援するために2画面表示のブラウザを利用する comparative web browser (CWB)[60] や，webサイトのアクセス状況を時系列で可視化する手法[61]などがある．CWBでは，一方のブラウザ画面にスクロールや遷移などのナビゲーション操作を行うと，ナビゲーショナル・スレービングによって他方のビューでも対応する部分が自動的に表示される．チーらのシステムでも，複数のディスクツリーを並べることでwebアクセスの時系列変化を可視化するが，すべてのディスクツリーが同期して回転などを行うことで比較を容易にしている．

このようにして，異種の可視化表現を並べる場合は，異なるビューで同一，あるいは関連するオブジェクト集合を提示していることを明確にする必要があるため，ビュー間の連動操作が必要となる．たとえば，異なるビュー間でオブジェクト選択を同期するクロスリンク[62]や，フィルタリングを同期するクロスフィルタリング[63]が用いられる．これらはブラッシングの一種とみなせる．

3.2.2項で紹介した可視化キューブを拡張して，多様な比較操作を整理し，それらを統一的に実行可能なインタフェースが提案されている[36]．可視化キューブ上で定義される比較操作は，「異なる統計データ間，時点間，地点間などについて，同一軸上での差異を示す可視化表現を生成する操作」として定義されていた．これを拡張し，「比較対象間に存在する何らかの差異を示す可視化表現を，動向軸（時間あるいは空間軸），統計データ軸，可視化表現軸の3軸のうち1軸あるいは2軸が異なる状態として生成する操作」としてとらえる．3軸すべてが異なる状態は，二つのビュー間で共通するものがないため比較とはみなさない．二つのビューそれぞれに対し可視化キューブを割り当て，1軸以上が異なる状態に対応したビューを生成して，多様な観点からの比較行為を支援する．1軸が異なる状態は，従来の可視化キューブにおける比較操作と本質的に同等であるが，2軸が異なる状態は，以下の3種類の比較分析に対応する．

- 統計データ固定比較：動向軸と可視化表現軸が異なる比較
- 動向固定比較：統計データ軸と可視化表現軸が異なる比較
- 可視化表現固定比較：動向軸と統計データ軸が異なる比較

統計データ固定比較では，同一の統計データに対し，空間的動向と時間的動向の両方を見比べながら分析したい場合などに，空間的動向は統計地図，時間的動向は線グラフなど，それぞれの軸に適した可視化表現を利用可能とする．

動向固定比較では，異なる統計データに関する同一の動向情報を比較したい場合に，各統計データの可視化に適した特性をもつ可視化表現を利用する．可視化表現固定比較は，探索的データ分析における役割は一見明確ではないが，ユーザ実験を分析した結果では比較的多用されており，ある分析をしてから次の分析を行うようなシーケンシャルな操作を，一つのビューで行うのではなく，二つのビューを並べて平行的に行うために利用されることが報告されている．

3.2.4 • 協調的情報可視化

探索的データ分析において，探索空間を拡大するためには，多様な観点からデータを眺めることが重要であり，そのためには複数人の分析者が協調して探索を行うことが有効である．分析者ごとに対象ドメインに対する知識や関心などが異なることが想定されるため，それぞれ異なる視点からデータを分析することになり，その過程や結果をうまく共有することができれば，1人の場合よりも探索空間が広がり，データの深い理解につながることが期待できる．知識支援型可視化 (knowledge-assisted visualization) のコンセプトにおいても，ユーザ間でドメイン知識やベストプラクティスを共有することの重要性が指摘されている[46]．

近年，Flickr に代表される写真共有サイトや Google Maps を用いた情報共有サイトなど，web 上でのデータ共有が一般的に行われている．このような情報共有では，**ソーシャルデータ**† (**UGC**, user generated contents などともよばれる) だけでなく，統計データなどのデータセットも共有されるようになっている．また，単なるデータ共有を超え，データ分析作業なども協調的に進められるサイトも研究開発されている．複数のユーザで協調しながらデータ分析を行うアプローチは**ソーシャルデータ分析**[64]とよばれる．また，協調的な分析作業を支援する可視化システムは**ソーシャルビジュアリゼーション** (social visualization)[65]などとよばれることがある．

ソーシャルデータ分析の例として有名なのが，NameVoyager[65] における可視化を共有してのコミュニケーションである．NameVoyager は，アメリカにおける新生児の名前のトレンドを可視化して提供するサイトである．1880年代から現在までの，アメリカにおける新生児数を名前ごとに集計し，その時系列変化を積み上げ線グラフ (2.3.3 項) で可視化する．ダイナミッククエリによるフィルタリング機能を備えており，アルファベットの文字列をタイプすると，その文字列から始まる名前のみがグラフとしてリアルタイムに描画される．サイト公開から2週間で 50 万アクセス，8 か月経過後も 1 日あたり 6,000 アクセスを集めるなど話題となった．本来想定される用途は，生まれてくる子供につける名前を考える際の参考にすることと考えられるが，興味深い現象として，NameVoyager の可視化結果（ビュー）を引用しながら，利用者の間でさまざまな議論が交わされたことが報告されている．たとえば，自分や知り合いの名前の人気の変遷を調べ，ユー

---

† BBS やブログ，SNS，Twitter，写真共有サイトなど，利用者により生成されたコンテンツのこと．

モラスなコメントとともに紹介したり，珍しい名前を発見して発表したり，有名人の名前について気づいたことを発表したりといったことが行われた．

ここで注目したいのは，NameVoyager のサイト自体はコメント投稿機能などは備えていない点である．すなわち，利用者たちは別の web サイト，つまりブログやディスカッションフォーラムなどを利用してコミュニケーションを行っていたのである．その際，NameVoyager が生成するビューは，ダイナミッククエリとして入力する文字列を記載することで共有されていた．NameVoyager では，可視化結果はキーボードからタイプした文字列により一意に定まるため，これが状態識別子として利用されたのである．このようにして，ある利用者により発見された気づきは他者と共有され，それに対し他者がコメントしたり，疑問点については回答が得られたりして，データに対する理解が深まっていく様子が観測されている．

NameVoyager の場合，サイト自体はソーシャルデータ分析を支援する機能を備えていないにもかかわらず，利用者の間で自然発生的にビューを共有する方法が合意され，協調的な分析が行われたが，より積極的にソーシャルデータ分析を支援する機能を備えたサイトも開発されている．Sense.us[66] は，過去 150 年分以上のアメリカの国勢調査データを提供し，利用者が可視化表現を生成，共有することが可能な web サイトである．利用者は生成したビューを投稿するだけでなく，それに言及したメッセージを投稿し，他者と議論することが可能である．Many Eyes[67] は，より汎用的なデータ可視化・分析を目的とした web サイトであり，利用者はデータセットのアップロード，ビューの生成・共有，それに基づく議論が可能である．

これらのサイトにおいて，ビューはコミュニケーションにおける共通基盤の役割を果たしている．利用者は同一のビューを見ながら，気がついた点や疑問に思った点についてコメントすると，他者から同意や質問に対する答えなどが回答として返される．また，データに対する解釈や仮説などを投稿するなどの行為もよく観測される．このように，ビューに対する気づきを共有し，議論を交わすことで，データセットの十分な探索，深い理解を促進する効果が期待できる．

ビューを共有し，議論を行う上で課題となるのは，以下のような点である．

- コンテクスト共有の困難さ
- 同じ議論・質問が繰り返される

• 議論の把握とコントロール(発散→収束)

コンテクスト共有に関して,NameVoyager ではクエリとして入力する文字列によってビューを共有していたが,ビューのどの部分について言及しているかが曖昧であると,気づきを共有できず,議論がかみ合わない可能性がある.このような問題を,ここではコンテクスト共有の困難さと定義する.これを解決するためには,ビュー中の注目箇所をマークし,コメントなどを付与するグラフィカルアノテーションと,ビューの特定状態を共有する仕組みが必要となる.後者は,同じデータセットからも縮尺や表示範囲の違うさまざまなビューが得られる可能性があり,議論の進展にともない,グラフィカルアノテーションが逐次付与されていくことによってもビューの状態が変化するため,自分がコメントした時点で表示されていたビューの状態を他者と共有し,誤解のない議論を行うために必要となる.ビューの状態を特定し,引用する方法としては,特定の状態に固有の URL を割り当てるアプリケーションブックマークが提案されており,Many Eyes などで用いられている.これにより,コメントを読む際に,それが投稿された時点でのビューを確認することが可能になるだけでなく,あるビューに対するコメントを集約して提示する,コメントリスティングなどの機能も実装可能となる.

企画立案など,ある目的をもってオンラインで議論を行う場合,投稿されるメッセージ(コメント)数は多くなるため,議論コンテクストの把握が困難となることが想定されるが,すべてのソーシャルデータ分析支援システムが必ずしも目的志向の議論を想定して設計されているわけではない.たとえば,Sense.us で行った実験では,平均スレッド長は 1.35,最大でも 5 コメントであったと報告されており,情報共有が目的のコミュニケーションと考えられる[66].目的志向のより長い議論を効率的に支援することを目的とする場合,同じ議論や質問が繰り返され,効率的に議論が進展しない可能性がある.実際に集まって行う会議でも,同じ議論が繰り返される場合があるが,掲示板システムやディスカッションフォーラムを利用した議論は長期にわたって行われたり,議論への途中参加が容易であるなどの特徴があるため,これらの問題はより深刻になる.また,まずは活発にアイデアを出し合い(発散),その後収束させて合意に至るといった議論の流れは,通常座長やコーディネータによって適切にコントロールされるべきである.オンラインでの議論においても同様に,議論の流れの把握,コントロールは必要であり,これを支援する機能も提供することが望ましい.

目的志向の議論を支援することを目的としたシステムとして，可視化表現共有型掲示板システムのコンセプトが提案され，これに基づいたシステム KGBBS が開発されている[68]．KGBBS では，チャンス発見[69,70]で代表的な情報可視化手法である**キーグラフ**[71]をスレッド単位で共有し，キーグラフの解釈に重要な部分構造にグラフィカルアノテーションを付与することが可能である．チャンス発見とは，意思決定を左右する重要な事象，状況，またはそれらに関する情報を理解し活用することを目的とした研究領域である．キーグラフは，テキストデータや地震活動データ，購買データなど多様なデータの可視化に適用され，オブジェクトの共起関係をネットワーク構造で可視化する．キーグラフ上で密に連結した部分構造は島とよばれ，常識や一般的によく知られていることに対応する．島をつなぐエッジは橋とよばれ，人にまだそれほど知られていない関係であり，チャンスにつながる可能性が高い．KGBBS では，島・橋に対しグラフィカルアノテーションを付与しながらオンラインで議論することが可能である．図 3.8 に，KGBBS のスクリーンショットを示す．左上の領域に描画されているネットワークがキーグラフであり，右側の領域に，ユーザにより投稿されたコメントが並んでいる．各コメントの上部には，コメント内で言及されている島や橋の定義が記述されている．島や橋それぞれには異なる色が割り当てられており，キーグラフ内の対応するノードも同じ色で着色されているため，言及箇所を視覚的に確認することがで

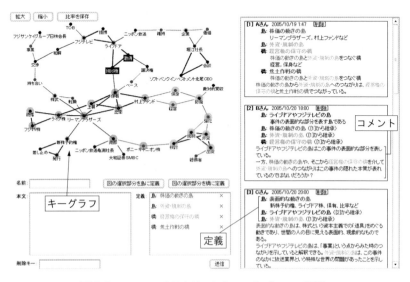

図 3.8　KGBBS のスクリーンショット（◆ p.vi 参照）

きる．また，CMV のブラッシングによる連動が実装されており，コメント領域で島や橋にマウスを重ねると，キーグラフ領域の該当ノードがハイライトされる．これにより，コンテクストの共有が支援される．

コメントを記述する際，他者が定義した島や橋の定義を継承することができるほか，ノードの追加や削除により既存の島・橋を修正して言及することも可能である．さらに，時間を共有しないコミュニケーションが行われる BBS では失われやすいメッセージ間の関連性や，議論のコンテクストを把握することを支援するために，言及されている島・橋の類似性に基づき関連メッセージを検索する機能も用意されている．

可視化表現共有型掲示板システムのコンセプトに従い，地域における防犯活動に関する議論を支援する協調的可視化システムも開発されている[72]．このシステムでは，児童達が学校周辺を歩いて調べた結果に基づき作成する地域安全マップ[73] を，オンライン地図を用いて作成，共有可能としている．また，共有されたマップを参照しながら，教員や保護者などが地域防犯活動について議論することを可能としている．マップ上では，児童が発見した危険な場所や安全な場所についての写真と児童によるコメントが共有されている．KGBBS と同様に，これらの場所をコメント内で引用することが可能である．また，地域安全マップの特徴として，危険な場所，安全な場所を「入りやすさ」，「周囲からの見えやすさ」の二つの観点から判断することで，児童達に危険な場所，安全な場所の判断基準を身につけさせることを目的としている．この目的を支援するために，場所を登録する際にこれらの観点に関するアイコンを付与するようになっている．この情報を，場所に関する属性として指定し検索する機能が用意されており，共通した性質をもつ場所を集めたり，現在の議論と関連するほかの場所を発見したりすることが可能となっている．

3.3 ◆ モニタリング支援のための情報可視化

3.3.1・モニタリングと情報可視化

ニュース記事や日記，日報など，日々生成されるテキストデータが世の中には多く存在する．ここでは，それらのデータを**テキストストリームデータ**とよぶ．web は，このようなテキストストリームデータの宝庫であり，ソーシャルネットワーキングサービス (SNS)，Twitter，ブログ，電子掲示板 (BBS) など，利用者が生

成するコンテンツ (UGC) の多くが該当する．テキストストリームデータは，時系列データの一種である．すなわち，個々のデータに意味や価値があるだけでなく，過去のデータと現在のデータの関係に意味があり，また未来のデータがどうなるかの予測にも関心が集まるといった性質をもつ．たとえば，あるイベントの発生を伝えるニュースが発生した後，その後の経過を伝える続報が発生し，人々の関心を集める．また，電子掲示板では，誰かの投稿を受けて賛同や反対の意見などが投稿され，議論が進展していく．近年，情報・データの大規模化が話題となっているが，ストリーム性をもったデータの増加はわれわれにとって利用可能なデータの質的変化をもたらしている．テキストストリームデータはさらなる情報活用に不可欠な存在であることから，その活用支援が必要となってくる．テキストストリームデータを活用するために，継続して到着する情報を確認し，興味ある情報を発見することが主体となるが，この作業を本書ではモニタリングとよぶ．本節では，モニタリング作業を支援するための可視化技術の利用について考える．

表 3.1 に，3.2 節で学んだ探索的データ分析とモニタリングの比較を示す．一般に，探索的データ分析は収集済みのデータを対象として行われる．したがって，分析プロセスを繰り返す場合には，データの更新はありうるが，各分析時点におけるデータセットは固定であり，分析の最中にリアルタイムでデータの追加，削除などが発生することを想定しないのが一般的である．これに対しモニタリング支援では，新規データが継続的に発生，到着する状況でデータを確認することを想定している．したがって，データセットは固定されていない．

表 3.1　探索的データ分析とモニタリングの比較

タスク	データセット	優先度	支援すべきサブタスク
探索的データ分析	固定	高い（本務）	・多様な視点からの分析 ・知識発見 ・センスメイキング
モニタリング	ストリーム	低い	・興味あるデータの発見 ・動向情報の把握

優先度とは，タスク実行者の立場で，ほかに行うべきタスクと比較しての実行における優先度を意味する．探索的データ分析の場合，これが本務に相当する場合が多いため，優先度はほかのタスクと比較して高い．したがって，分析者は集中してこのタスクを実施可能である．一方，ストリームデータをモニタリングするためには常時データを確認すべきであるが，実際には優先度は低いのが一般的

であり，通勤時や休憩時間など，本務の合間の比較的短い時間で行うことが多い．したがって，モニタリングは必然的に中断をともなう作業となる．

支援すべきサブタスクに関しては，探索的データ分析の場合は多様な視点からデータを眺め，より深いデータの理解に達することが目的となる．また，知見や洞察の獲得を通じて，問題解決などにつながる知識の発見を行う．そのためにデータの特徴的な点に気づき，センスメイキングを行う．これらのサブタスクを支援することが，探索的データ分析の支援につながることは 3.2 節で学んだとおりである．

一方，モニタリング支援の場合には，継続的にやってくる新たなデータを確認し，そこから興味あるデータを発見することが目的となる．興味あるデータは分析者の目的や関心によって異なるが，ある条件を満たすデータ，外れ値，新しい事件に関する情報など，新規のイベント・トピックに関するデータなどが興味あるデータの一例として考えられる．また，ストリームデータは時系列データであるため，それが表現する動向情報を把握することが目的となる場合も多い．すなわち，前回モニタリング時からの変化の把握や，急激に注目を集めた話題の発見，増加から減少など極性の変化の検出などが，動向情報把握の一例である．すなわち，モニタリングでは新規に到着したデータだけを扱えばよいのではなく，過去に到着したデータが形成するコンテクストにも注意を払う必要があり，支援対象となる．

以上より，モニタリング作業における課題をまとめると以下のようになる．

- 本務による作業中断：中断中における新規データの発生，既存データの状態変化への対応
- 短時間に確認を行う必要性：休憩時間などに短時間で実施できること
- コンテクストの喪失：本務中に，以前モニタリングした際の状況や着目点を忘れてしまう可能性への対策

ここで，モニタリングにおけるコンテクスト情報について整理する．2.8 節で述べた通り，コンテクストはデータ・情報を理解するために必要な情報といえる．たとえば，ある時点における，ある企業の株価の情報が得られたとしても，それだけで売買すべきかを考えるのは難しい．それまでの株価の遷移などを参考にすることで，これから上がるのか，下がるのかの動きを判断することができる．したがって，時系列データの場合には，このような過去からの時間的変動が，ある

時点のデータの価値を判断するために不可欠なコンテクスト情報とみなせる．

テキストストリームデータを含む時系列データ一般についてモニタリングを行うことを考えた場合，必ずしもコンテクスト情報を必要としないデータも存在する．たとえば，時計や天気予報，気温などのモニタリングでは，多くの場合現在の状態がわかればよいため，これまでの遷移などはわからなくても問題はないといえる．一方，航空機・ホテルなどの日々変動する価格をモニタリングする場合は，できるだけ最安値で購入したいため，価格変動に関するコンテクスト情報を必要とする．これらは株価のモニタリングと同様といえよう．これらに対し，本節で対象とするテキストストリームデータの場合には，議論の遷移やイベントの進展などを把握する必要があるため，より豊富なコンテクスト情報が必要となる．

3.3.2 • モニタリング支援の関連研究

モニタリング作業の支援に関連する研究として，ここでは話題検出・追跡技術，作業状態推定に基づく作業割込みタイミングの判定，周辺的情報提示について紹介する．

話題検出・追跡技術は，テキストストリームデータに含まれる話題を抽出し，その時間的遷移を追跡することを目的としたテキスト処理技術である．このような技術の発展を促進させることを目的として，かつてDARPA（アメリカ国防高等研究計画局）により進められた技術研究開発プログラムがTDT (topic detection and tracking) である．TDTでは，共通のコーパス，タスク，評価基準を用意することにより，システム・手法間の比較検討を可能としている．コーパスは，オンラインニュースなどから収集した，時間順序に並んだ言語データセットであり，これを対象として以下のようなタスクを設定している[74]．

- 記事分割 (story segmentation)：ある出来事について述べた，話題的に同質な断片（記事）の発見
- 話題追跡 (topic tracking)：与えられた話題に関する記事の発見
- 話題検出 (topic detection)：新規話題の発見，関連記事のクラスタリング
- 第1記事検出 (first story detection)：新規話題の第1記事発見
- リンク検出 (link detection)：記事が同一話題に属するかどうかの判定

話題の定義は，分野や研究者によって粒度が異なるが，TDTにおいては「ある特定の時間・場所において発生した出来事，およびそれと直接関連する出来事，

活動」として定義されている．たとえば，ある航空機墜落事故が起きた場合，生存者の捜索や犠牲者の葬儀などは直接関連する出来事とみなされ，同一話題に含まれるが，ほかの航空機事故はまったく別の話題として扱われる．

　上記のタスクのうち，中心的なものは話題追跡と検出である．第1記事検出は話題検出のサブタスク，記事分割とリンク検出は話題追跡・検出の要素技術とみなすことができる．話題追跡タスクでは，ある特定の話題に関する少数の記事が与えられたときに，その話題に関する記事をテキストデータストリームから検出する．これは，与えられた少数の記事からプロファイルを生成し，類似度が一定以上の記事を適合記事と判定する情報検索とみなすことができる．また，機械学習の観点からは，テキストデータストリーム中の各記事について，指定された話題に属するか否かを判定する分類器を，少数記事を訓練データとして学習する問題とみなすことができる．機械学習としてみた場合，訓練データの量が不足する点が問題であり，これを解決するために単語生起確率のスムージングや，漸進的に訓練データを増やしていく教師なし適応 (unsupervised adaptation) などのアプローチが提案されている[75]．

　話題検出タスクが話題追跡タスクと大きく異なる点は，検出すべき話題に関する訓練データが与えられない点にある．すなわち，話題追跡が分類すべきクラスとその訓練データが与えられる教師あり学習とみなせるのに対し，話題検出は与えられたデータセットを類似データのグループに分割する教師なし学習とみなせる．このような場合，クラスタリングの適用が一般的であり，とくにデータが時系列で与えられるため，データを逐次クラスタに分類していくシングルパスクラスタリングと親和性が高く，これに基づくシステムが提案されている[76]．

　話題検出・追跡技術は，テキストストリームデータからモニタリングすべき対象となる話題やそのコンテクストを抽出する技術と見ることができる．一方，モニタリング作業における課題には，本務による作業の中断，およびそれによるコンテクストの喪失が挙げられていた．実はこの問題は，本務においても同様にあてはまる．すなわち，モニタリングなどの別作業により本務も中断することになるため，同様の問題が発生するのである．

　一般に，作業の中断は，その実行に悪影響を与えることが知られている．たとえば，以下のようなことが指摘されている．

- 中断されたタスクの40%は再開されない[77]

- 中断後に再開したタスクは中断しない場合に比べ2倍以上時間がかかる[78]

したがって，本務の中断は発生しないことが望ましいが，来客や電話，あるいはテキストストリームデータのモニタリングなどにより，本務の中断は必然的に発生する．ただし，一言に本務といってもさまざまなタスクから構成されていると考えられるため，中断が難しいタスク，比較的容易なタスクといった区別は可能である．そこで，何か情報を提示したり，連絡をしたりして本務を中断してもらう場合に，なるべく中断による影響が少ないタイミングを選ぶことが考えられる．このようなアプローチの要素技術として，オフィスにおけるユーザの状態推定，**割込み可能性 (interruptibility)** 推定に関する研究が行われている．一般的な推定のアプローチとして，受話器の状態やキータイプ，ドアの開閉，音声[79]，デスクへの圧力[80] などの多様なセンサログを記録しながら，その時点における割込み可能性についてユーザからのフィードバックを受け取り，訓練データを収集して機械学習により割込み可能性や状態を推定することが行われている．

重要であるが，緊急性の低い情報の提示を目的とした技術は，**周辺的情報提示 (peripheral display**[81]**, ambient display**[82]**)** とよばれる．ここで，重要であるとは定期的に確認が必要であることを意味しており，広義のストリームデータが対象といえる．重要だが緊急性の低いデータの例として，天気，気温，時刻，e-mail 未読件数，電力消費量，航空運賃，PCのアイドル時間，交通状況，野球のスコア，株価などがある．一般に，データの解釈にコンテクストが不要だったり，単純なもので十分なものがほとんどである．

これらの情報を提示するために，周辺的情報提示では以下の条件を満たす必要があると考える．

- ユーザの情報への気づき・関心を維持する
- 本務の妨害・中断を避ける

明らかに，この両者はトレードオフの関係にあるといえる．すなわち，ユーザの関心を惹きつけ過ぎれば，本務への集中度は下がらざるを得ないし，本務の邪魔にならないよう控えめに提示しすぎれば，ユーザの関心は失われてしまう．この問題に対して，周辺的情報提示では，ユーザの注意範囲の周辺で情報を提示するアプローチを採用する．具体的には，本務に使用しているメインディスプレイの周辺領域などの目立たない部分に情報を提示したり，メインディスプレイの脇

などに設定したサブディスプレイに情報を提示したりする[83].

また，見て美しいこと (aesthetically pleasing) も，周辺的情報提示では重要との指摘もあり，アート作品のような情報提示[84]や，図像的可視化による情報提示などが研究されている．後者の例として，Info Canvas[81]では浜辺のメタファによる情報提示において，凧の高さで航空券の価格，ヨットの位置で時刻，ヤシの木の葉の色でwebサイトの更新情報（有無），砂浜にある貝殻の配置で株価の上下などをそれぞれ提示している．

3.4 ❖ 情報可視化システムの実際

実際に情報可視化システムを開発する場合には，単一の可視化手法のみを用いるのではなく，対象データやタスクの特性を踏まえ，これまでに紹介してきた各種手法を組み合わせて用いることが多い．本節では，情報可視化システムの構築事例などを通じて，実際のデータに対しどのように情報可視化手法を適用していくかについて見ていく．

3.4.1 ・ 書誌情報を対象とした情報可視化システム

2.6.1項でも述べたとおり，ネットワーク構造は実社会のさまざまな対象においてみることができる．本節では，研究論文などの書誌情報から得られるネットワークを対象として，ネットワーク構造の取得および可視化手法について説明する．

書誌情報には，各文献の著者や参考文献，キーワードといった情報が含まれ，これらを分析することで複数のネットワーク構造を得ることができる．一般には，**共著 (co-authorship) 関係**，**引用 (citation) 関係**，**共引用 (co-citation) 関係**がよく知られている．

共著関係は，著者が協調して文献を執筆・公開した関係であり，著者をノードとするネットワークとして表現される．共著文献が存在する著者間にエッジが張られ，共著文献数などに基づきエッジに重み付けがされる場合もある．

共著関係とは異なり，引用関係，共引用関係は文献をノードとするネットワークとして表現される．ある文献 x の参考文献リストに文献 y が含まれる場合，x から y の向きにエッジを張ることで引用関係が表現される．したがって，引用関係を表すネットワークは有向となる．また，二つの文献が同じ文献の参考文献リストに含まれる場合，共引用関係にあるという．文献 x, y を共通して引用する文

献が一つ以上存在する場合，x, y 間にエッジが張られる．したがって，共引用関係は無向となる．

以上のようにして求めたネットワーク構造は，2.6 節で紹介した可視化手法を用いて描画することができる．本節で紹介するシステム[85]は，共著関係ネットワークを対象とした可視化システムであり，図 3.9 に示すように，ノード・リンクダイアグラムを用いて共著関係を描画する[85]．ノードは著者を表し，大きさは論文数に比例している．ノードの配置は力学的モデルを採用している．このとき，利用しているキーワード集合が同じノード間にエッジがある場合には，ばねの自然長を短くすることで，クラスタを構成しやすくしている．論文の共著関係を考えた場合，キーワード集合が同じ著者らは同じ組織に属している可能性が高いため，これらをひとまとまりとして視認しやすくすることは，データセットのもつ意味の把握を支援する効果が期待できる．

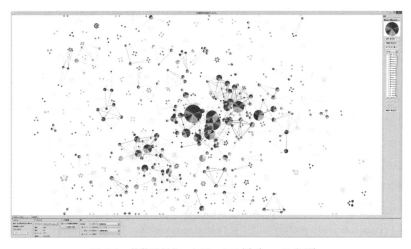

図 3.9 共著関係ネットワークの例（◆ p.vii 参照）

共著関係ネットワークから読み取りたい情報として，どの著者が共著関係にあるかだけでなく，どのようなテーマについて共著関係にあるかも重要である．たとえば，ある特定の著者に着目した場合，ある特定のテーマについて研究しているのか，それともテーマごとに異なる研究者グループと共著関係にあるような，分野横断的な研究者であるのかなどを分析したい場合がある．また，あるいは特定のテーマに着目した場合，特定の研究者グループのみが扱っているテーマなのか，それとも異なる研究者グループが研究している有名なテーマなのか，といった分

析を行いたい場合もある．このような分析を可能とするために，このシステムでは著者が使用しているキーワードの出現頻度を表す円グラフとしてノードを描画している．すなわち，円グラフとノード・リンクダイアグラムを併用したシステムとなっている．各キーワードには異なる色相を割り当てるが，分析目的に応じて以下の 3 種類を切り替えることができる．

（1）　ネットワーク全体のキーワードに対して自動的に色相を割り当てる
（2）　注目しているノード（著者）が利用しているキーワードのみに自動的に色相を割り当てる
（3）　個々のキーワードに対しユーザが手動で割り当てる

（1）はネットワーク全体に対する分析の場合,（2）は特定著者に着目した分析を行いたい場合,（3）は特定のテーマに着目して分析を行いたい場合にそれぞれ有効に機能する．

自動的に色相を割り当てる場合は，キーワードの使用頻度やアルファベット順などの指標に基づきキーワードをソートして色相を割り当てる．

円グラフにおけるキーワードの配置は，12 時の位置から時計回りに，ノードに対応する著者の論文における出現頻度などに基づき行う．これにより，ノードに割り当てられる色の配置パターン（順番や各色の領域の大きさ）を比較することで，類似した研究を行っている著者の発見などを視覚的に行うことができる．

ノードの描画に関して，すべてのキーワードを円グラフに配置し，注目キーワード以外は無彩色で描画するモード (K1) と，着目している著者が使用しているキーワードなど，特定のキーワードのみを円グラフに配置するモード (K2) を用意し，分析目的に応じて切り替えることができる．さらに，研究テーマの時間的変遷を可視化するために明度も利用する．キーワードの利用年が最近であるほど明度を多くし，各キーワードが最後に利用された年に対応した明度で描画するモード (T1) と，円を二重にし，内側は各キーワードが最初に利用された年，外側は最後に利用された年にそれぞれ対応した明度で描画するモード (T2) を用意している．図 3.10 に示すとおり，K1 / K2 と T1 / T2 の組合せにより，合計四つのモードから分析目的に応じて選択し，ノードを描画可能である．K2 では，着目キーワードを利用している著者を見つけることが容易となる．また，T2 を用いることにより，内側と外側で明度の差が大きいキーワードは，長期間にわたって研究を継続しているテーマに対応していることなどが読み取れる．

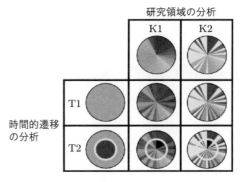

図 3.10 円グラフによる使用キーワードの可視化（◆ p.vii 参照）

3.4.2 ◆ 相関ルールを対象とした情報可視化システム

相関ルールは，代表的データマイニング手法の一つであり，同時に購入される商品の組合せを分析するバスケット分析などで用いられる．アイテム集合を I とした場合，相関ルールは以下のように定式化される．

$$A \Rightarrow B \quad \ldots \quad A, B \subseteq I, \quad A \cap B = \phi \tag{3.1}$$

ルールを構成するアイテム集合 A, B は，それぞれ条件部，結論部とよばれる．たとえば，「パンと牛乳を購入する人は，一緒にバターも購入する」という相関ルールの場合は，$A = \{$ パン，牛乳 $\}$，$B = \{$ バター $\}$ となる．

相関ルールの価値を計る指標として，**支持度 (support)** や**確信度 (confidence)** などが利用される．トランザクション集合を $T = t_i$ とすると，支持度，確信度の定義はそれぞれ以下のようになる．

$$\sup(A) = \frac{|\{t_i | t_i \in T \land A \subseteq t_i\}|}{|T|} \tag{3.2}$$

$$\mathrm{conf}(A \Rightarrow B) = \frac{\sup(A \cup B)}{\sup(A)} \tag{3.3}$$

トランザクションとは，アイテムの共起に関する情報であり，コンビニなどで同時に購入された商品の集合や，レストランである顧客が注文した料理の集合などがトランザクションに相当する．定義より，支持度は全トランザクションの中で，指定されたアイテム集合を含むトランザクションの割合である．したがって，支持度は相関ルールではなくアイテム集合に対する指標といえる．この値が大きいほど，そのアイテム集合は同時に購入されたり，注文されたりすることが多いことを表す．

確信度は，A を包含するトランザクションの内，B も包含するものの割合を表す．この値が大きいほど，ルールの条件部 (A) と結論部 (B) の結びつきが強いとみなされる．ある程度多くのトランザクションで成立するルールを抽出するために，支持度，確信度の最小値を閾値として指定してルール抽出を行う．

閾値の設定にもよるが，対象とするデータセットから抽出される相関ルールの数は通常膨大なものとなるため，可視化による提示の効果が期待できる．このとき，相関ルールを，条件部と結論部を構成するアイテム集合間の接続関係とみなせば，抽出された相関ルールの集合はネットワーク構造とみなせる．単純に考えれば，条件部と結論部をノードとして，ノード・リンクダイアグラムで描画することが可能であり，実際にこのアプローチが採用されることも多い．条件部，結論部が一つのアイテムで構成されるような相関ルールを対象とする場合にはこのアプローチで問題ない．しかし，結論部に関しては単一アイテムに限定する場合が比較的多いものの，条件部は複数のアイテムから構成される場合が多いため，工夫が必要となる．もし，アイテム集合ごとに別のノードとして描画すると，組合せ爆発によりノード数が膨大となるほか，所属アイテムが共通するノード間の関係などが読み取れなくなる．したがって，アイテムをノードとし，合流する矢印でアイテム集合を表現することがある．図 3.11 の例では，$\{i_1, i_2\} \Rightarrow \{i_3\}$，$\{i_4\} \Rightarrow \{i_1\}$ の二つの相関ルールが描画されている．また，エッジの属性としては，支持度，確信度などの複数の指標が存在する．複数の属性を同時に確認したい場合には，エッジの太さや色など異なる視覚変数にそれぞれ割り当てて描画する．

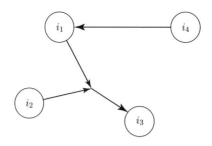

図 3.11　ノード・リンクダイアグラムによる相関ルールの可視化

各アイテムを行・列に配置することで，相関ルール集合を接続行列 (2.6.4 項を参照) として描画することも可能である．たとえば，行を条件部，列を結論部とみなし，該当するセルを支持度や確信度の値に応じて着色したり，3 次元で描画する場合にはそれぞれに対応した棒グラフを描画したりすることが可能である．し

かし，ノード・リンクダイアグラムを用いた場合と同様に，複数のアイテムからなる条件部・結論部の扱いが問題となる．単純な拡張策としては，アイテム集合に対応した行・列成分を追加するアプローチが考えられるが，組合せ爆発の問題や，同じアイテムを含むアイテム集合間の関係などが読み取れなくなる問題がある．これに対して，ウォン (P. C. Wong) らは，列成分をアイテムではなくルールに変更した行列による可視化を提案している[86]．すなわち，一つの列が一つの相関ルールを表し，ルールを構成するアイテムに対応したセル成分を着色する．このとき，条件部と結論部で異なる色を用いることで，相関ルールを構成するアイテムが条件部，結論部のどちらに出現しているかを区別する．図3.12に示した例では，条件部のアイテムは灰色，結論部のアイテムは黒で表現している．すなわち，ルール1は{A, B} ⇒ {C}，ルール2は{D} ⇒ {A} となる．図では支持度，確信度を表す行を用意し，それぞれ値が大きいほど暗い色で表現しているが，文献[86]では3次元表示を採用し，各列の背景にあたる部分に支持度や確信度などの値を示す棒グラフを描画している．この可視化手法の利点として，特定の行に着目することで，同じアイテムを含むルールを容易に発見できることが挙げられる．

このほか，ネットワーク構造以外の可視化手法で相関ルールを可視化することも可能であり，たとえば平行座標により描画する手法も提案されている[87]．

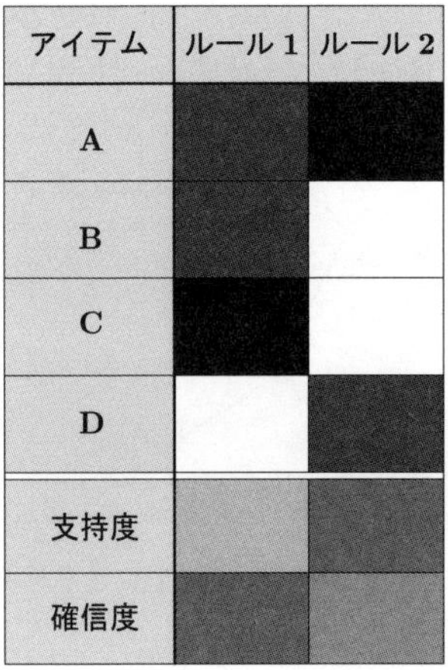

アイテム	ルール1	ルール2
A	■	■
B	■	□
C	■	□
D	□	■
支持度		
確信度		

図 3.12　アイテム・ルール行列による相関ルールの可視化

3.4.3・バグ更新情報のモニタリングを支援する情報可視化システム

本項および次項では，テキストストリームデータを対象としたモニタリング支援システムの開発事例を紹介する．3.3節の議論に基づき，両システムの設計におけるガイドラインを以下のように定める．

（1） 関心あるアイテムの追跡を支援する
（2） コンテクスト情報を提供する
（3） システム主導のインタラクションとする
（4） エンターテインメント性も考慮する

（1）は，表3.1に示したモニタリング作業で支援すべきサブタスクから明らかである．(2)は，3.3.2項で紹介した周辺的情報提示で対象とするような，解釈にコンテクストが不要，あるいは単純なコンテクストで十分なものを対象とする場合と異なり，テキストストリームデータでは議論の遷移や新規話題の発生，続報の追跡など，モニタリングにはコンテクスト情報が必要となる．

周辺的情報提示では，本務作業中にストリームデータの情報も提示することを想定している．その理解にコンテクストがそれほど重要ではないようなストリームデータであれば，データを確認後に本務を再開するのはそれほど苦にならないと考えられる．しかし，モニタリングに際し十分なコンテクスト情報を必要とするテキストストリームデータのモニタリング作業の場合，本務が中断される影響も大きい．そこで，本務の合間の休憩時間などにモニタリングが行われることを想定する．本務であれば，ユーザ主導でシステムを操作してデータにアクセスしたり，分析したりすることが一般的といえるが，休憩時間にそのような負荷のある作業を行うことは不適切といえる．したがって，(3)で示したように，基本的にはユーザはシステムが提示する情報を眺めるだけで，関心がある部分などをマウスクリックなどの単純な操作でシステムに伝えるだけといった，システム主導のインタラクションが重要となる．

最後の（4）は，見て美しいことも重要とした周辺的情報提示と同様である．とくに休憩中に利用する場合，モニタリング作業が気分転換などにつながるようにするためにも，見て美しい，あるいは楽しいといったエンターテインメント性は重要と考える．

本節では，テキストストリームデータのモニタリング支援システムの実例として，バグ管理システムから送られてくるバグ更新情報のモニタリングを支援する

システム[88]を紹介する．バグ管理システムは，バグの登録や修正状況の管理を行うシステムであり，登録ユーザへバグ更新情報を随時送信する．したがって，バグ更新情報はテキストストリームデータとみなすことができる．バグの状態は，報告されたが未確認の状態から，新規のバグとして認識された状態，修正が進行中の状態，修正が完了した状態などが存在し，時間進行にともなって変化する．しかも，バグの間には依存関係があるため，あるバグになされた修正が，ほかのバグの修正に影響を与えることもある．したがって，バグの状態変化は未確認から修正完了へ単調に進んでいくとは限らない．また，オープンソースシステムの開発などでは，多くの開発者が一つのバグに関与することも多いため，他者の作業にも影響を受ける．さらに Linux ディストリビューションの開発などでは，一人の開発者が複数のバグ管理システムにアクセスする必要があることも一般的である．

　上述のような性質をもつデータのモニタリング作業を効率よく行うことを支援するために開発されたシステムのスクリーンショットを図 3.13 に示す．このシステムは，前回モニタリングを行った時点以降に到着したバグ更新情報，すなわち新規バグの発生や既存バグの状態更新をアニメーションにより可視化する．アニメーションを利用することで，(3) で示したように，ユーザは基本的に表示されるものを眺めるだけで利用可能となっている．したがって，上述のガイドラインの項目 (3) と (4) を満たしている．

　ガイドラインの (1) に関して，一つのバグはノードに対応し，その状態は色に

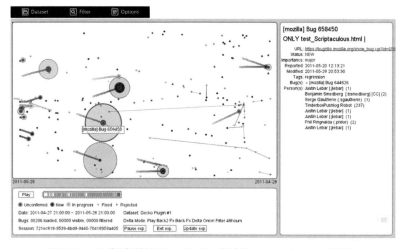

図 3.13　バグ更新情報のモニタリング支援システム（◆ p.viii 参照）

より表現される．ノードは二重円の構造をもっており，内側の円のサイズが進展の状況，外側の円のサイズが更新頻度を表す．ノードは時間にともない画面の左から右に向かって移動していく．各開発者に固有の方向ベクトルを割り当て，バグの移動方向は関与する開発者のベクトルの合成により決定する．移動速度も調整することで，関与者が類似するバグどうしは画面上で群れを構成するようになっている．これにより，関連するバグを効率よく追跡し，確認することが可能である．

　効率的なモニタリングをさらに支援するための工夫として，重要なバグのハイライト，ガイドラインの項目（2）に対応するコンテクスト情報の提示，および遡及再生機能を導入している．重要なバグは，前回モニタリング時以降に発生したか，あるいは状態変化があったものと定義し，状態変化がなかったバグについてはサイズを小さくして表示することで，重要なバグが目につきやすいようにしている．また，バグ更新情報のモニタリングにおけるコンテクスト情報の一つは状態の更新履歴である．アニメーションのみではその変化をユーザが記憶する必要があるため，複数のノードについてコンテクストを把握することは困難である．そこで，**オニオンスキン**とよばれる可視化手法を用いて，彗星の尾のように過去の状態と移動方向の変化を可視化している．図3.13において，ノード中心から後方（左側）に向かって尾のように描かれている部分がオニオンスキンであり，過去の時刻における位置や状態を確認することができる．遡及再生は，前回モニタリングした期間の一部を遡って再生する機能であり，前回モニタリング時の状況からの変化を把握しやすくする効果が期待できる．

3.4.4 • BBSのモニタリングを支援する情報可視化システム

　BBSでは多種多様な話題が議論の対象となっており，その中には情報源として役立たないものも多いが，現在話題となっていることや，多くの人が関心を寄せていることを知ることのできる，貴重なUGCの一つでもある．BBSでは話題やテーマごとにスレッドが作成され，多数のユーザによりコメントが逐次投稿されている．自身が関心をもつ話題についてのスレッドは通常複数存在するため，それらを効率よく確認することは困難となっている．効率的な確認を支援するため，ある話題に関してスレッドを編集し，情報をまとめたまとめサイトも存在するが，本節で紹介するシステム[89]では，ユーザ自身が関心のあるスレッドを登録することで，それらのモニタリング作業を効率的に行うことが可能である．3.4.3項に示したガイドラインの項目（1）に関しては，関心があるアイテムの追跡を支援

するためにキーワードベースの可視化を採用し，話題に対応したキーワードを投稿から抽出して可視化対象としている．また，ある話題がどのように語られているかがキーワードのみからでも把握できるようにするため，コンテクストに関するキーワードも同時に抽出して可視化する．これがガイドラインの項目（2）に該当する．さらに，項目（3）に挙げられているシステム手動のインタラクション，項目（4）のエンターテインメント性を考慮して，タイムラインに従ったアニメーションによる再生，クリックベースのシンプルなインタラクションを採用している．

これらのガイドラインに加え，BBS モニタリングに特有の性質として以下の二点も考慮している．

- 複数スレッドのモニタリングを支援
- 特定スレッドの詳細確認を支援

これらを満足するために，CMV のコンセプト，具体的にはオーバービュー&詳細ビューを採用している．図 3.14 にスクリーンショットを示す．円上にキーワードが配置された領域（キーワードビュー）が二つあるが，左側がオーバービューに対応し，モニタリング対象の全スレッドから抽出したキーワードを可視化する．

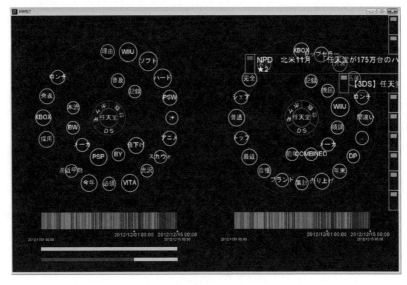

図 3.14　BBS モニタリング支援システム（◆ p.viii 参照）

右側が詳細ビューに対応し，ユーザが指定したスレッドから抽出したキーワードを可視化する．右端にはスレッドに対応したボタンが並んでおり，スレッドリストとよばれる．ここで，詳細キーワードビューで可視化するスレッドの選択を行う．また，マウスオーバーでスレッドタイトルが表示される．画面下部にはタイムラインが2種類表示されており，投稿時刻にスレッドに対応した色の縦棒を描画している．左側はキーワードタイムラインとよばれ，ユーザが指定したキーワードを含む投稿を可視化する．右側はスレッドタイムラインとよばれ，ユーザが指定したスレッドの投稿を可視化する．タイムラインの表示範囲はその下にあるコントロールバーで調整可能である．

このシステムでは，可視化するキーワードを以下の4種類に分類して扱う．

- TOI (topic of interest) キーワード：ユーザの関心を表すキーワード．ユーザが指定し，円の中心に表示される（図では「任天堂」）．
- TC (tracking candidate) キーワード：追跡候補となるキーワード．円の外周に配置（「VITA」など）．
- US (user-specified) キーワード：追跡対象とするキーワード．TCキーワードから選択し，TOIキーワードの周囲に配置（「DS」など）．
- DK (detailed keyword)：USキーワードと共起するキーワードであり，コンテクスト情報に対応．外周と中心の間で，関係するUSキーワードの近くに配置（「PSP」など）．

システムを利用する際には，最初にTOIキーワードを指定する．システムはTOIキーワードを含むスレッドを検索し，投稿数の多い10スレッドを追跡対象とする．モニタリングの際は，タイムラインを操作して表示する期間を変更し，描画されるキーワードの変化を眺めながら，関心のあるキーワードを変更したり，詳細を確認するスレッドの変更などを行う．図3.15に可能なインタラクションをまとめる．キーワードビューでキーワードをクリックすると，ブラッシングによりそのキーワードを含むスレッドがスレッドリスト上でハイライトされる．また，ナビゲーショナル・スレービングにより，キーワードタイムラインが更新される．スレッドリストでスレッドをダブルクリックすると，そのスレッドが選択され，ナビゲーショナル・スレービングにより詳細キーワードビューとスレッドタイムラインが更新される．ある投稿をタイムライン上でクリックすると，その投稿を含むスレッドがスレッドリスト上でハイライトされるとともに，投稿に含まれるキー

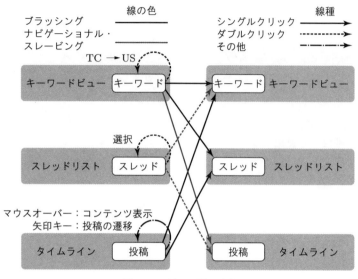

図 3.15　ビュー間の連動

ワードがキーワードビューでハイライトされる．このように，クリックによるシンプルなインタラクションのみで，多様な確認作業を行うことができる．

3.5 ❖ まとめ

本章では，情報可視化システムが対象とするタスクをストーリーテリング，探索的データ分析，モニタリングの3種類に分類し，とくに探索的データ分析，モニタリングを対象として可視化システムを開発する際に考慮すべき事項についてまとめた．また，実際の情報可視化システムの開発事例を示すことで，システム開発時において検討すべきことなどについて述べた．実際に情報可視化システムを開発する際には，本書で紹介した3種類のタスクが混在したようなケースも考えられる．また，社会の変化や計算機能力の向上などにより，可視化の対象領域が広がり，新たなタスクや可視化手法が生み出されていくだろう．新しいタスクや可視化手法に基づき情報可視化システムを開発する場合にも，本章の内容は参考になるだろう．

参考文献

[1] J. D. Mackinlay,"Opportunities for Information Visualization," IEEE Computer Graphics and Applications, Vol.20, No.1, pp.22–23, 2000.

[2] B. Shneiderman, "The Eyes Have It: A Task by Data Type Taxonomy for Information Visualizations, " IEEE Symposium on Visual Language, pp.336–343, 1996.

[3] N. Gershon, S. Eick, Foreword, IEEE Symposium on Information Visualization, pp.vii–viii, 1995.

[4] M. Takatsuka, "Scientific Visualization, " M.R.Peres eds., The Focal Encyclopedia of Photography 4th edition, Focal Press, p.612, 2007.

[5] A. Kerren, C. Plaisant, J. T. Stasko, " 10241 Executive Summary. Information Visualization, " Dagstuhl Seminar Proceedings, http://drops.dagstuhl.de/opus/volltexte/2010/2760, 2010.

[6] G. G. Robertson, J. D. Mackinlay, S. K. Card, " Cone Trees: Animated 3D Visualizations of Hierarchical Information, " Proc. ACM Conf. Human Factors in Computer Systems (CHI 91), pp.189–194, 1991.

[7] T. -M. Rhyne,"Does the Difference between Information and Scientific Visualization Really Matter?, " IEEE Computer Graphics and Applications, Vol.23, No.3, pp.6–8, 2003.

[8] U. Fayyad, G. Piatetsky-Shapiro, P. Smyth,"From Data Mining to Knowledge Discovery in Databases, " AI Magazine, Vol.17, pp.37–54, 1996.

[9] Ed. H. Chi, J. T. Riedl, " An Operator Interaction Framework for Visualization Systems, " InfoVis '98, pp.63–70, 1998.

[10] Ed. H. Chi, " A Taxonomy of Visualization Techniques using Data State Reference Model, " INFOVIS2000, pp.69–75, 2000.

[11] L. Halik, "The Analysis of Visual Variables for Use in the Cartographic Design of Point Symbols for Mobile Augmented Reality Applications," Geodesy and Cartography, Vol. 61, No.1, pp.19–30, 2012.

[12] M. Shapiro,"Once Upon a Stacked Time Series," in J. Steele, N. Iliinsky eds., Beautiful Visualization, O'Reilly Media, 2010.

[13] C. Healey, J. Enns, " Attention and Visual Memory in Visualization and Computer Graphics, " IEEE Trans. on Visualization and Computer Graphics, Vol.18, No.7, pp.1170–1188, 2011

[14] D. Borland, A. Huber, " Collaboration-Specific Color-Map Design, " IEEE Computer Graphics and Applications, Vol.31, No.4, pp.7–11, 2011.

[15] R. Borgo, K. Proctor, M. Chen, H. Janicke, T. Murray, I. M. Thornton,"Evaluating the Impact of Task Demands and Block Resolution on the Effectiveness of Pixel-based Visualization," IEEE Trans. on Visualization and Computer Graphics, Vol.16, N.6, pp.963–972, 2010.

[16] D. A. Keim, " Designing Pixel-Oriented Visualization Techniques: Theory and Applications, " IEEE Trans. on Visualization and Computer Graphics, Vol.6, No.1, pp.59–

78, 2000.
[17] 上田, 統計グラフのウラ・オモテ, 講談社, 2005.
[18] E. Keogh, L. Wei, X. Xi, S. Lonardi, J. Shieh, S. Sirowy, "Intelligent Icons: Integrating Lite-Weight Data Mining and Visualization into GUI Operating Systems," ICDM'06, pp.912–916, 2006.
[19] A. Inselberg, "Visualization and Knowledge Discovery for High Dimensional Data," 2nd International Workshop on User Interfaces to Data Intensive Systems, pp.5–24, 2001.
[20] H. Siirtola, T. Laivo, T. Heimonen, K. -J. Räihä, "Visual Perception of Parallel Coodinate Visualizations," 13th International Conference Information Visualization, pp.3–9, 2009.
[21] M. Bruls, K. Huizing, J. van Wijk, "Squarified Treemaps," Joint Eurographics and IEEE TCVG Symposium on Visualization, pp.33–42, 1999.
[22] B. B. Bederson, B. Shneiderman, M. Wattenberg, "Ordered and Quantum Treemaps: Making Effective Use of 2D Space to Display Hierarchies," ACM Transactions on Graphics, Vol.21, Issue 4, pp.833–854, 2002.
[23] M. Balzer, O. Deussen, "Voronoi Treemaps," Proc.2005 IEEE Symposium on Information Visualization, pp.49–56, 2005.
[24] M. Wattenberg, "A Note on Space-Filling Visualizations and Space-Filling Curves," Proc.2005 IEEE Symposium on Information Visualization, pp.24–29, 2005.
[25] B. Shneiderman, M. Wattenberg, "Ordered Treemap Layouts," Proc.2001 IEEE Symposium on Information Visualization, pp.73–78, 2001.
[26] T. Kamada, S. Kawai, "An Algorithm for Drawing General Undirected Graphs," Information Processing Letters, Vol.31, No.1, pp.7–15, 1989.
[27] T. Dwyer, "Scalable, Versatile and Simple Constrained Graph Layout," EuroVis '09, pp.991–1006, 2009.
[28] N. Henry, J. -D. Fekete, M. J. McGuffin, "NodeTrix: a Hybrid Visualization of Social Networks," IEEE Transactions on Visualization and Computer Graphics, Vol.13, No.6, pp.1302–1309, 2007.
[29] D. Holten, "Hierarchical Edge Bundles: Visualization of Adjacency Relations in Hierarchical Data," IEEE Trans.Visualization and Computer Graphics, Vol.12, No.5, pp.741–748, 2006.
[30] J. Feinberg, "Chapter 3: Wordle," J. Steele, N. Iliinsky, Beautiful Visualization, Oreilly & Associates Inc., pp.37–58, 2010.
[31] M. Scherr, "Multiple Coordinated Views in Information Visualization," in D.Baur et al.(eds), Trends in Information, pp.38–45, 2008.
[32] M. Q. W. Baldonado, A. Woodruff, A. Kuchinsky, "Guidelines for using multiple views in information visualization," Working Conference on Advanced Visual Interfaces (AVI '00), pp.110–119, 2000.
[33] J. C. Roberts, "State of the Art: Coordinated & Multiple Views in Exploratory Visualization," 5th International Conference on Coordinated and Multiple Views in Exploratory Visualization (CMV '07), pp.61–71, 2007.

[34] G. Convertino, C. Jian, B. Yost, Y. -S. Ryu, C. North, "Exploring Context Switching and Cognition in Dual-view Coordinated Visualizations," International Conference on Coordinated and Multiple Views in Exploratory Visualization, pp.55–62, 2003.
[35] G. Andrienko, N. Andrienko, "Coordinated Multiple Views: a Critical View," 5th International Conference on Coordinated and Multiple Views in Exploratory Visualization (CMV '07), pp.72–74, 2007.
[36] 高間, 狩野, 比較分析に着目した時空間的動向情報の探索的分析支援, 人工知能学会論文誌, Vol.26, No.4, pp.494–503, 2011.
[37] G. Robertson, J. D. Mackinlay, S. Card, "The Perspective Wall: Detail and Context Smoothly Integrated," CHI '91, pp.173–179, 1991.
[38] M. Hascoët, "Interaction and Visualization Supporting Web Browsing Patterns," 5th International Conference on Information Visualization, pp.413–418, 2001.
[39] G. W. Furnas, "Generalized Fisheye Views," CHI '86, pp.16–23, 1986.
[40] J. Lamping, R. Rao, P. Pirolli, "A Focus+Context Technique Based on Hyperbolic Geometry for Visualizing Large Hierarchies," CHI '95, pp.401–408, 1995.
[41] 山本, 小関, 高橋, 道なり道路選別手法に基づく Fisheye View マップ総描手法, 電子情報通信学会論文誌 D, Vol.J93-D, No.10, pp.1914–1925, 2010.
[42] 赤倉, データジャーナリズム概論：ニュースを変革する新たな報道手法, 情報管理, Vol.58, No.3, pp.166–175, 2015.
[43] J. W. Tukey, Exploratory Data Analysis, Addison–Wesley, 1977.
[44] J. J. Thomas, K. A. Cook Eds., Illuminating the Path: The Research and Development Agenda for Visual Analytics, National Visualization and Analytics Ctr, 2005.
[45] E. Mozzafari, A. Seffah, "From Visualization to Visual Mining: Application to Environmental Data," ACHI2008, pp.143–148, 2008.
[46] M. Chen, D. Ebert, H. Hagen, R. S. Laramee, "Data, Information, and Knowledge in Visualization," IEEE Computer Graphics and Applications, Vol.29, No.1, pp.12–19, 2009.
[47] D. A. Keim, F. Mansmann, J. Thomas, "Visual analytics: How much visualization and how much analytics," SIGKDD Explorations Journal, 2009.
[48] J. S. Yi, Y. Kang, J. T. Stasko, J. A. Jacko, Toward a Deeper Understanding of the Role of Interaction in Information Visualization, IEEE Trans.on Visualization and Computer Graphics, Vol.13, No.6, pp.1224–1231, 2007.
[49] D. A. Norman, S. W. Draper, User Centered Systems Design: New Perspectives in Human–Computer Interaction, CRC Press, 1986.
[50] 中小路, 山本, 創造的情報創出のためのナレッジインタラクションデザイン, 人工知能学会論文誌, Vol.19, No.2, pp.154–165, 2004.
[51] E. F. Codd, S. B. Codd, C. T. Salley, Providing OLAP to User-Analysts: An IT Mandate, Codd & Date, Inc., 1993.
[52] 高間, 山田, 時空間的動向情報の探索的分析を支援するインタラクティブな情報可視化システム, 人工知能学会論文誌, Vol.25, No.1, pp.58–67, 2010.
[53] A. Endert, P. Fiaux, C. North "Semantic Interaction for Visual Text Analysis," CHI

'12, pp.473–482, 2012.
[54] A. Endert, P. Fiaux, C. North, "Semantic Interaction for Sensemaking: Inferring Analytical Reasoning for Model Steering," IEEE Trans.Visualization and Computer Graphics, vol.18, No.12, pp.2879–2888, 2012.
[55] E. R. Tufte, Envisioning Information, Grapics Press, 1990.
[56] 白山, 知的可視化, 丸善出版, 2006.
[57] 片上, 山田, 新田, 階層型研究分野ネットワークで探る学術誌の見えざる専門性把握支援, 知能と情報, Vol.21, No.6, pp.1044–1056, 2009.
[58] Y. Ohsawa, T. Ito, M. Kamata, "Kamishibai KeyGraph as Scenario Map Visualizer for Detecting Transient Causes from Sequential Data," PAKDD2008 Working Notes of Workshops on Data Mining for Decision Making and Risk Management, pp.272–283, 2008.
[59] J. Heer, G. G. Robertson, "Animated Transitions in Statistical Data Graphics," IEEE Trans.on Visualization and Computer Graphics, Vol.13, No.6, pp.1240–1247, 2007.
[60] A. Nadamoto, K. Tanaka, "A Comparative Web Browser (CWB) for Browsing and Comparing Web Pages," WWW2003, pp.727–735, 2003.
[61] E. H. Chi, J. Pitkow, J. Mackinlay, P. Pirolli, R. Gossweiler, S. K. Card, "Visualizing the Evolution of Web Ecologies," CHI '98, pp.400–407, 1998.
[62] A. Sarma, L. Maccherone, P. Wagstrom, J. Herbsleb, "Tesseract: Interactive Visual Exploration of Socio-Technical Relationships in Software Development," ICSE '09, pp.22–33, 2009.
[63] C. Weaver, "Cross-Filtered Views for Multidimensional Visual Analysis," IEEE Trans.on Visualization and Computer Graphics, Vol.16, No.2, pp.192–204, 2010.
[64] M. Wattenberg, J. Kriss, "Designing for Social Data Analysis," IEEE Trans.on Visualization and Computer Graphics, Vol.12, No.4, pp.549–557, 2006.
[65] J. Heer, "Socializing Visualization," CHI2006 Workshop on Social Visualization, 2006.
[66] J. Heer, F. B. Viegas, M. Wattenberg, "Voyagers and Voyeurs: Supporting Asynchronous Collaborative Information Visualization," CHI2007, 2007.
[67] F. B. Viegas, M. Wattenberg, F. Ham, J. Kriss, M. McKeon, "ManyEyes: a Site for Visualization at Internet Scale," IEEE Trans.on Visualization and Computer Graphics, Vol.13, No.6, pp.1121–1128, 2007.
[68] Y. Takama, Y. Seo, "A Proposal for a BBS with Visual Representation for Online Data Analysis," CODATA Data Science Journal, Vol.6, pp.S28–S38, 2007.
[69] Y. Ohsawa, P. McBurney eds., Chance Discovery, Springer, 2003.
[70] 大澤幸生, チャンス発見の情報技術―ポストデータマイニング時代の意思決定支援, 東京電機大学出版局, 2003.
[71] Y. Ohsawa, N. E. Benson, M. Yachida, "KeyGraph: Automatic indexing by co-occurrence graph based on building construction metaphor," Proc.of Advances in Digital Libraries Conference, pp.12–18, 1998.
[72] 高間, 瀬尾, 可視化表現共有型掲示板システムによる地域防犯活動議論支援, 知能と情報, Vol.21, No.3, pp.316–326, 2009.

[73] 小宮,地域安全マップ作製マニュアル(改訂版)－子どもと地域を犯罪から守るために－,東京法令出版,2006.
[74] J. Allan (Ed.), Topic Detection and Tracking, Event-Based Information Organization, Springer, 2002.
[75] Y. Y. Lo, J. L. Gauvain, "The LIMSI Topic Tracking System for TDT2001," Topic Detection and Tracking Workshop, TDT2001, 2001.
[76] M. Spitters, W. Kraaij, "TNO at TDT2001, Language Model-Based Topic Detection," Topic Detection and Tracking Workshop, TDT2001, 2001.
[77] B. O'Conaill, D. Frohlich, "Timespace in the Workplace: Dealing with Interruptions," CHI '95, pp.262–263, 1995.
[78] M. Czerwinski, E. Horvitz, S. Wilhite, "A Diary Study of Task Switching and Interruptions," CHI '04, pp.175–182, 2004.
[79] S. Hudson, J. Fogarty, C. Atkeson, D. Avrahami, J. Forlizzi, S. Kiesler, J. Lee, J. Yang, "Predicting human interruptibility with sensors: a Wizard of Oz feasibility study," CHI '03, pp.257–264, 2003.
[80] 谷,山田,机上にかかる圧力を用いたユーザの割り込み可能性推定,人工知能学会論文誌,Vol.29, No.1, pp.129–136, 2014.
[81] C. Plaue, T. Miller, J. Stasko, "Is a Picture Worth a Thousand Words? An Evaluation of Information Awareness Displays," Proc.Graphics Interface, pp.117–126, 2004.
[82] J. Mankoff, A. Dey, G. Hsieh, J. Kientz, S. Lederer, M. Ames, "Heuristic Evaluation of Ambient Displays," CHI '03, pp.169–176, 2002.
[83] X. Shen, V. Moere, P. Eades, "An Intrusive Evaluation of Peripheral Display," GRAPHITE '05, pp.289–292, 2005.
[84] T. Skog, S. Ljungblad, L. E. Holmquist, "Between Aesthetics and Utility: Designing Ambient Information Visualizations," INFOVIS '03, pp.233–240, 2003.
[85] T. Kurosawa, Y. Takama, "Co-Authorship Networks Visualization System for Supporting Survey of Researchers' Future Activities," Journal of Emerging Technology in Web Intelligence (JETWI), Vol.4, No.1, pp.3–14, 2012.
[86] P. C. Wong, P. Whitney, J. Thomas, "Visualizing Association Rules for Text Mining," 1999 IEEE Symposium on Information Visualization (InfoVis '99), pp.120–123, 1999.
[87] L. Yang, "Pruning and Visualizing Generalized Association Rules in Parallel Coordinates," IEEE Transactions on Knowledge and Data Engineering, Vol.17, No.1, pp.60–70, 2005.
[88] Y. Takama, T. Kurosawa, "Visualization System for Monitoring Bug Update Information," Trans.IEICE, Vol.E97-D, No.4, pp.654–662, 2014.
[89] Y. Takama, M. Okumura, "Interactive Visualization System for Monitoring Support Targeting Multiple BBS Threads," International Journal on Intelligent Decision Technologies,(DOI)10.3233/IDT-140232, 2014.

索引

■ 英数字

2 数要約　30
3 数要約　30
5 数要約　30
ambient display　98
arithmetic mean　29
BBR　16
Chernoff face　2
CMV　64
confidence　102
confirmatory data analysis　75
coordinated multiple view　64
coordination　64
exploratory data analysis　75
FA　38
factor analysis　38
focus　8
geometric mean　29
harmonic mean　29
HLS　14
HSV　14
hue　14
infographics　3
information visualization　5
InfoVis　5
Intelligent Icon　34
interruptibility　98
lightness　14
MDS　38
median　29
mode　29
multi-dimensional scaling　38
NLD　42
node-link diagram　42
OLAP　81
overview　8
parallel coordinates　39
PCA　38
peripheral display　98
principal component analysis　38
RGB　14
saturation　14
scatter plot　27
scientific visualization　5
slice & dice　45
squarified　46
strip　49
support　102
tree map　44
UGC　89
value　14
view　11
Wordle　62

■ あ 行

因子分析　38
インタラクションモデル　80
インフォグラフィック　3
引用 (citation) 関係　99
円グラフ　25
オニオンスキン　107
オーバービュー　8
帯グラフ　25

■ か 行

階層的エッジバンドル　59
科学的可視化　5
確信度　102
可視化キューブ　81
可視化変換　10
カラーマップ　16
間隔 (interval) データ　19
幾何平均　29
キーグラフ　92
共引用 (co-citation) 関係　99
協調　64
協調的情報可視化　89
協調的マルチビュー　64
共著 (co-authorship) 関係　99
均等色空間　15
空間充填曲線　35
グラフ　52
検証的データ分析　75
コーンツリー　42
コンテクスト　67
コンテクストスイッチ　67

■ さ 行

彩度　14
最頻値　29

三角グラフ　　26
サンキー・ダイアグラム　　60
算術平均　　29
散布図　　27
散布図行列　　27
視覚的マッピング変換　　10
視覚変数　　12
色相　　14
色相環　　14
支持度　　102
実行と評価の淵　　79
四分位値　　29
周辺的情報提示　　98
主成分分析　　38
順序的 (ordinal) データ　　19
情報可視化　　5
ストリップ　　49
ストーリーテリング　　72
スプライン曲線　　59
スモールマルチプル　　65
スライス&ダイス　　45
正方形化　　46
接続行列　　58
セマンティックインタラクション　　85
線グラフ　　24
センスメイキング　　77
相関ルール　　102
ソーシャルデータ　　89
ソーシャルデータ分析　　89
ソーシャルビジュアリゼーション　　89

■た　行
ダイナミッククエリ　　79
代表値　　28
タイリングアルゴリズム　　46
タグクラウド　　62
多次元尺度構成法　　38
探索的データ分析　　5, 73, 75
チャーノフの顔グラフ　　2
中央値　　29
調和平均　　29
積み上げ棒グラフ　　22
ツリーマップ　　44
ディスクツリー　　42
ディストーション　　3, 69
テキストストリームデータ　　93
データ変換　　10
デュアルビュー　　65

同期スクロール　　66
統計地図　　23
統計グラフ　　22
ドリルダウン/アップ　　81

■な　行
ナビゲーショナル・スレービング　　65
ネットワーク　　52
ノード・リンクダイアグラム　　42

■は　行
箱ひげ図　　30
ばねモデル　　54
ばらつき　　28
パン　　66
ビジュアルアナリティクス　　73
ビジュアルデータマイニング　　73
ヒストグラム　　27
ビュー　　11
標準偏差　　29
比率的 (ratio) データ　　19
ヒルベルト曲線　　35
ビンパッキング問題　　63
フォーカス　　8
ブラッシング　　65
平行座標　　39
棒グラフ　　22
補色　　14
ボックスプロット　　27

■ま　行
名義的 (nominal) データ　　19
明度　　14
メジアン　　29
メタファ　　3
面グラフ　　24
モード　　29
モニタリング　　73

■ら　行
力学的モデル　　54
レーダーチャート　　31
連動　　64

■わ　行
話題検出・追跡技術　　96
割込み可能性　　98

著 者 略 歴
髙間　康史（たかま・やすふみ）
　　1994 年　東京大学工学部電子工学科卒業
　　1999 年　東京大学大学院工学系研究科博士課程修了
　　同　年　東京工業大学大学院総合理工学研究科助手
　　2002 年　東京都立科学技術大学電子システム工学科助教授
　　2005 年　首都大学東京システムデザイン学部准教授
　　2014 年　首都大学東京システムデザイン学部教授
　　　　　　博士（工学）
　　　　　　現在に至る

　編集担当　藤原祐介・宮地亮介(森北出版)
　編集責任　富井　晃(森北出版)
　組　　版　ディグ
　印　　刷　同
　製　　本　ブックアート

情報可視化
　—データ分析・活用のためのしくみと考えかた—　　　Ⓒ 髙間康史　2017
2017 年 3 月 30 日　第 1 版第 1 刷発行　【本書の無断転載を禁ず】

著　　者　髙間康史
発 行 者　森北博巳
発 行 所　森北出版株式会社
　　　　　東京都千代田区富士見 1-4-11（〒102-0071）
　　　　　電話 03-3265-8341／FAX 03-3264-8709
　　　　　http://www.morikita.co.jp/
　　　　　日本書籍出版協会・自然科学書協会　会員
　　　　　JCOPY ＜(社)出版者著作権管理機構　委託出版物＞
　　　　　落丁・乱丁本はお取替えいたします.

Printed in Japan／ISBN978-4-627-85351-5